1

Python

Iniciante

Anibal Azevedo

PYTHON PARA TODOS

Iniciante

Anibal Tavares de Azevedo

ISBN: 9798705719556

Cover design by: Art Painter
Library of Congress Control Number: 2018675309
Printed in the United States of America

Ó Maria, concebida sem pecado,
rogai por nós, que recorremos a Vós. Amém.

CONTENTS

INTRODUÇÃO (LEIA-ME ANTES DE COMEÇAR)

Programar é desafiar a própria mente para encontrar a solução para os problemas que nos cercam. Muito embora nossa frágil mente tente navegar no mar de dificuldades que é a vida, somente através da programação é possível encontrar uma ilha de racionalidade ao abrigo de tempestades dos eventos inesperados. Isso alimenta uma espécie de firmeza mental. Este livro surgiu da **vontade de** se encontrar **paz** através dessa **firmeza mental**, bem como ajudar outras pessoas nessa busca. Esse é o **primeiro presente** que você, espero, terá ao ler esse livro.

Mas, o que é programar? É escrever em uma linguagem de programação (que o computador entende) um algoritmo. E o algoritmo consiste em escrever um conjunto de passos para resolver um problema. Se preferir, a melhor analogia para algoritmo é a de seguir uma receita para se obter um bolo.
Não por acaso, o processo para elaboração de programas pode ser generalizado para qualquer área da nossa vida. Também, não por acaso, teme-se que os algoritmos irão eliminar empregos. A resposta é complexa. Se o que você faz é repetitivo, então, o algoritmo pode realmente oferecer resultados melhores do que você. O algoritmo não cansa, segue as instruções a risca, e não fica chateado e nem entediado. Certo, mas, pensando fora do discurso fatalista, alguém tem que fazer o algoritmo.

Portanto, a questão é que se você tem consciência do algoritmo, então, você pode não só alterar o fluxo de execução do mesmo, mas criar e usar o seu próprio.

Sim, vivemos em um mundo no qual os algoritmos travam uma guerra silenciosa. E somente aqueles que souberem construir seus algoritmos terão alguma chance de ter voz. Esse é o **segundo presente** deste livro, **empoderar** as **pessoas** para **resolver** seus **problemas** do jeito que acharem melhor.

O **terceiro presente** deste livro tem a ver com o símbolo contido no título da capa do livro. O símbolo que lembra a letra '**A**' invertida é um símbolo matemático cujo significado é "para todo" ou "qualquer". A ideia é transmitir que o conhecimento aqui contido é para todos ou "**Python para todos**".

Sim, reconheço que, mesmo que a linguagem Python seja bastante amigável se comparada a outras, ainda existe um pouco de dificuldade quando se fala de ambiente para o desenvolvimento de programas.
Neste sentido recomendo fortemente o ambiente **gratuito, amigável, sem propagandas e on-line** (sim, você vai precisar de uma conexão de internet) do **Google Colab** (este é o **terceiro presente**).

Para ter acesso a esse ambiente de criação de programas basta ter uma conta no **Gmail** (que no momento que escrevo, ano de 2021, ainda é gratuito) e você poderá criar no **Google Drive** documentos que são *notebooks* e permitem que códigos em Python sejam inseridos e executados.

Os passos (ou o algoritmo) para você ter acesso a esse ambiente são:

1. Digite '*google colab*' no navegador de sua preferência;

2. Clique no primeiro resultado conforme Figura 1.

Figura 1: Encontrando o ambiente *Google Colab*.

3. No menu flutuante que irá aparecer clique na opção '**Novo notebook**' conforme indicado na Figura 2.

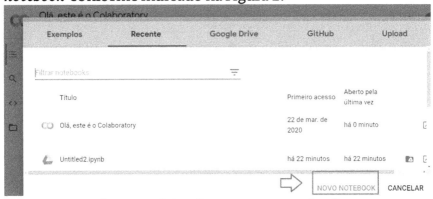

Figura 2: Criando um novo *notebook*.

Uma amostra do ambiente que será aberto, contendo o *notebook*, é dada na Figura 3.

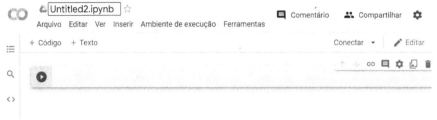

Figura 3: Ambiente com *notebook* do Google Colab.

Uma descrição de cada um dos elementos do ambiente do **Google Colab** é dada na Figura 4.

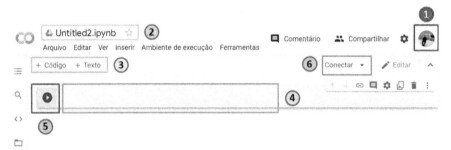

Figura 4: Elementos do *notebook* do Google Colab.

A legenda para os elementos destacados na Figura 4 é:

1. Você precisa estar logado na sua conta gmail para conseguir criar e/ou acessar um *notebook*.

2. Um arquivo **'Untitled2.ipynb'** foi gerado neste caso. Entenda ele como um arquivo do **Google Drive**. Este arquivo, por padrão, será criado na pasta '**Colab Notebooks**' do seu **Google Drive**.

3. É possível inserir elementos como **células de código** (vide **elementos 4 e 5**), ou **texto**. A função do primeiro é permitir a inserção de **código em Python** e a função do segundo é permitir a criação de uma **explicação/documentação** mais detalhada e estruturada acerca do código.

4. Campo **clicável e editável** no qual é possível **inserir código em Python**.

5. Botão que ao ser clicado **executa** o **código Python** inserido no elemento 4 e abaixo irá aparecer o **resultado**.

6. Indica o estado de conexão com o servidor da Google em termos de **memória RAM** e utilização de **espaço do Google Drive**. É importante frisar que toda a execução do código será no **servidor da Google**, o que significa que se você não tem um computador muito potente, então, poderá usar os computadores da Google para realizar o processamento das instruções do seu programa.

Os programas em Python contidos nos **Capítulos 1, 2, 4, 5, 6, e 7** podem ser executados em apenas uma única célula de código sem maiores problemas.

É possível também executar o código usando **múltiplas células** de **código alternadas** por **células** de **texto** tal como mostrado na Figura 5.

Figura 5: Inserção de células de código e texto.

Conforme uma célula é executada, os resultados da execução

do código, incluindo armazenamento de valores em variáveis, será armazenado na memória do *notebook* (vide segunda célula da Figura 5). **Tome cuidado com esse aspecto para evitar resultados e comportamentos inesperados do código.**

Neste livro o **código Python a ser inserido** no campo 4 do **notebook** será indicada com o seguinte símbolo:

Prática

O **resultado** decorrente **da execução** será indicado pelo seguinte símbolo:

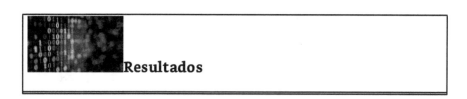

Resultados

Para os **Capítulos 3, 8, 9 e 10** que contém **aplicações** de conceitos na **resolução de problemas**, é interessante usar a estratégia de inserção de código por meio de muitas células para permitir o entendimento gradativo do programa e carregar na memória valores de variáveis.

Esses quatro últimos capítulos constituem o **quarto presente**. O **quarto presente** é referente a sobre como **aplicar** o conhecimento em **Python** para desenvolver **projetos** mais **complexos** e que envolvem o uso de **gráficos, tabelas de dados**, e **dados da internet.**

Por último, é importante destacar que a escolha da linguagem Python justifica-se:

1. Por sua sintaxe simples;

2. Amplitude de bibliotecas que em muito facilitam a resolução de problemas que demandariam códigos complicados se fossem feitos em outras linguagens;

3. Linguagem amplamente aceita tanto no mundo acadêmico quanto no mundo empresarial.

Bom espero que você tire o melhor proveito do livro e dos quatro presentes. Boa leitura!

CAPÍTULO 1: VARIÁVEIS
E TIPOS BÁSICOS

Playlist das vídeo-aulas com as explicações dos códigos deste Capítulo

https://bit.ly/3rgsIxx

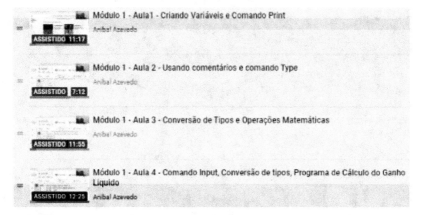

0. Verificando o seu conhecimento

Se você consegue entender todos os comandos que estão na célula abaixo, então, você pular este capítulo.

Prática

```python
# Se você entender tudo que está nesta célula, então, você não precisa ler
o conteúdo desta seção.

var_x1 = 10
var_x2 = 11.0
var_x3 = 'abra'
var_x4 = '-te cesamo'
res1  = 2*var_x1 + var_x2**(2-1)/var_x1
var_x2 = int(res1/var_x2)
var_x3 = var_x3 + var_x4

print("res1 = " + str(res1))
print("type(res1) = " + str(type(res1)))
print(var_x2)
print(var_x3)
resul = "var_x2 = %3.2f, var_x4 = %s" % (var_x2, var_x4)
print(resul)
```

Resultados

```
res1 = 21.1
type(res1) = <class 'float'>
```

1

abra-te cesamo

var_x2 = 1.00, var_x4 = -te cesamo

1. Inserindo comentários

E m um programa de computador é útil a documentação do que está sendo criando. Para tanto, o símbolo '#' pode ser utilizado para que o texto subsequente não seja interpretado como um comando a ser executado, isto é, ser interpretado como um comentário.

> # Este é apenas um comentário, portanto, se o botao com a setinha ao lado for pressionado não irá ocorrer nada.

2. Conceito de variável

Uma variável é um nome a partir do qual é possível fazer referência a um valor contido na memória do computador. Para criar uma variável em Python é necessário observar algumas regras:

1. O nome da variável deve começar com uma letra ou o caractere '_';
2. O nome da variável não pode começar com um número;
3. O nome da variável só deve conter caracteres alfa-numéricos (A-z, 0-9) e o caractere ''. *O caractere* '' é usado para se evitar espaços para nomes compostos, isto é, usar **var_local** e não **var local**;
4. Nomes de variáveis são sensíveis a maiúsculas e minúsculas, isto é, var, Var, VAR são três nomes distintos de variáveis;
5. Palavras reservadas de comandos da linguagem não devem ser utilizadas como nome de variáveis, isto é, **print**, **str**, **int**, **float**, **type**, dentre outros.

3. Criação e atribuição de valor para uma variável

P ara atribuir valores a uma variável basta utilizar o comando de atribuição dado por '='. Por exemplo, o comando var = 1 faz 2 operações: cria a variável var e atribui para ela o valor inteiro 1.

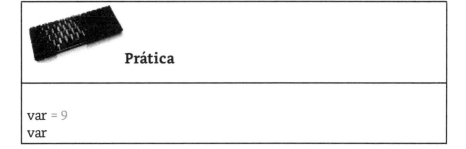

Prática

```
var = 9
var
```

Resultados

```
9
```

4. Impressão do conteúdo de uma variável

Para imprimir o valor contido em uma variável basta utilizar o comando print. Esse comando é particularmente útil quando deseja-se imprimir o conteúdo de múltiplas variáveis.

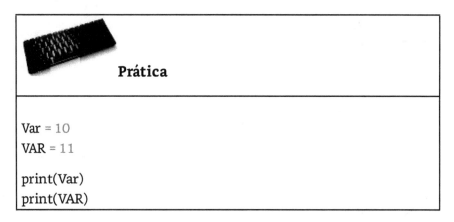

Prática

```
Var = 10
VAR = 11

print(Var)
print(VAR)
```

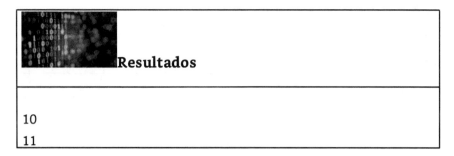

Resultados

```
10
11
```

5. Sobrescrevendo o valor de uma variável e tipos de variáveis

A s variáveis podem armazenar 3 tipos básicos e distintos de valores: inteiro (int), real (float), e palavra (str). O comando de atribuição permite que uma variável já criada receba um conteúdo diferente no valor e mesmo de outro tipo.

Para o tipo **str** a atribuição de valor pode ser feita com **'palavra'** ou **"palavra"**.

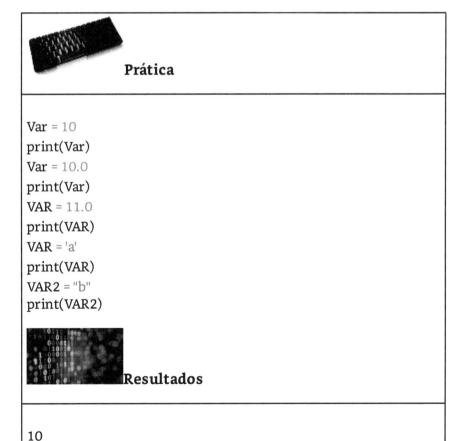

Prática

```
Var = 10
print(Var)
Var = 10.0
print(Var)
VAR = 11.0
print(VAR)
VAR = 'a'
print(VAR)
VAR2 = "b"
print(VAR2)
```

Resultados

10

10.0
11.0
a
b

6. Obtendo o tipo básico de uma variável

A definição do tipo da variável será realizada no momento em que for atribuído valor para ela. Para conferir qual o tipo da variável basta utilizar o comando type. Conjugando o comando print e type é possível imprimir o tipo de variável.

Prática

```
var = 9
Var = 10.0
VAR = 'a'
print(var)        # imprime o conteúdo da variável 'var'.
print(type(var))  # imprime o tipo da variável 'var'.
print(Var)
print(type(Var))
print(VAR)
print(type(VAR))
```

Resultados

```
9
<class 'int'>
```

```
10.0
<class 'float'>
a
<class 'str'>
```

7. Conversão de tipos: float e int

Muitas vezes é útil realizar a conversão de tipos. Um exemplo é a soma de um tipo **int** com um tipo **float** cujo resultado será um tipo **float**.

Ou ainda, a divisão de um tipo **int** por outro **int**, mas cujo resultado desejado é um **float**. Para este caso, o Python fará automaticamente essa conversão tanto do numerador quanto do denominador para o tipo **float** tal que o resultado será **float**. Essa **conversão automática** é chamada de **conversão implícita de tipo**.

Um valor **int** pode ser convertido para **float** usando-se o comando **float(nome_variavel)**. Um valor **float** pode ser convertido para **int** usando-se o comando **int(nome_variavel)**. É possível converter o resultado de uma divisão de **float** para **int**. Neste caso, a parte decimal será truncada (eliminada).

Prática

```
var = 9
Var = 10.0
x1 = 2
```

```
print(Var + var)    # Soma float + int = float
print(var/x1)       # Conversão implícita: divisão int/int = float/float = float
print(int(var/x1))  # Conversão explícita: float -> int
```

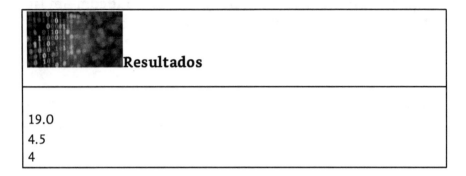

Resultados

```
19.0
4.5
4
```

8. Conversão de tipos: int e float com str

A conversão dos tipos int e float para str é útil para, por exemplo, realizar a impressão de números com texto. Para imprimir texto e valores com o comando print é necessário converter os números em texto através do comando str(nome_da_variável).

Prática

x1 = 2.0
x2 = 'Texto aleatório'
print("conteúdo de x1 = " + str(x1) + ", conteúdo de x2 = " + x2)

Resultados

conteúdo de x1 = 2.0, conteúdo de x2 = Texto aleatório

9. Operações com variáveis: float e int

O perações de soma (+), subtração (-), multiplicação (*), divisão (/), e exponenciação (**) podem ser realizadas com variáveis. Seus resultados podem ser armazenadas em outras variáveis ou nas variáveis originais.

IMPORTANTE: Nunca use uma variável sem ter atribuído valor a ela.

Por exemplo, a sequência de comandos é válida:

var = 1

var = var + 2

Porém, a seguinte sequência não é válida, pois não existe nenhum valor inicial contido em **var**:

var = var + 2

var = 1

Prática

```
x1 = 1
x2 = 2
x3 = 3
x1 = 2*x2 + x3**2
x2 = (x3 - x1)/x3
x3 = x3 - x2 - x1
print("x1 = " + str(x1))
print("x2 = " + str(x2))
print("x3 = " + str(x3))
```

Resultados

```
x1 = 13
x2 = -3.3333333333333335
x3 = -6.666666666666666
```

10. Operações com variáveis: str

P ara variáveis do tipo str apenas a operação de soma (+) está definida e o resultado será a concatenação de letras contidas em cada variável.

Prática

```
x1 = 'ab'
x2 = 'bra'
x3 = 'ca'
x4 = 'draba'
x1 = x1 + x2
x2 = x3 + x2
x3 = x1 + x3
x4 = x3 + x4
print(x1)
print(x2)
print(x3)
print(x4)
```

Resultados

abbra
cabra

```
abbraca
abbracadraba
```

11. Saída e Entrada de dados

O comando print serve para mostrar o conteúdo de uma variável. É dito que este comando realiza a saída de dados, isto é, a impressão do conteúdo do valor de uma variável, que está na memória do computador, para a tela do computador. Existe um outro comando útil para realizar a entrada de dados, isto é, a partir do teclado do computador realizar a inserção de dados em uma variável armazenada no computador. É o comando input.

Prática

```
var1 = input('Digite uma palavra: ')
var2 = input('Digite um número: ')
print("Conteúdo de var1 é: " + var1)
print("Conteúdo de var2 é: " + var2)
print("Obtendo os tipos de var1 e var2")
print(type(var1))
print(type(var2))
```

Resultados

```
Digite uma palavra: nin
Digite um número: 0
Conteúdo de var1 é: nin
Conteúdo de var2 é: 0
```

```
Obtendo os tipos de var1 e var2
<class 'str'>
<class 'str'>
```

12. Entrada de dados numéricos e múltiplas saídas de dados

- **Entrada de dados numéricos**:

Como visto na subseção anterior, o comando **input** só realiza a leitura de valores do tipo **str**. Assim, para realizar operações matemáticas com os valores digitados deve-se realizar uma **conversão explícita** de valor, isto é, transformar o conteúdo da variável do tipo **str** para o tipo desejado.

Por exemplo, para converter o conteúdo da variável var1 de **str** para **float** usa-se: **var1 = float(var1)**. Para converter var2 de **str** para **int** usa-se: **var2 = int(var2)**.

- **Múltiplas saídas de dados**:

Para misturar texto com o conteúdo das variáveis é necessário empregar caracteres especiais para impressão do conteúdo das variáveis: **%f** - imprime o conteúdo de uma variável tipo **float**; **%d** ou **%i** - imprime o conteúdo de uma variável tipo **int**; **%s** - imprime o conteúdo de uma variável tipo **str**. Além disso, é possível especificar o número de casas decimais e o total de espaço a ser destinado para a impressão do conteúdo. Por exemplo, **%5.2f** - imprime uma variável tipo **float** utilizando um espaçamento total de 5 caracteres sendo 2 reservados para a parte decimal do número.

Uma lista completa dos símbolos e a quais tipos eles correspondem é dada por:

Símbolo	Tipo a ser impresso
s	string
d	inteiro
i	inteiro
f	real
c	caractere
b	binário
o	octal
x	hexadecimal com letras minúsculas após o 9
X	hexadecimal com letras maiúsculas após o 9
e	notação científica

Prática

a = input('Entre com um número: ')
a = float(a)
b = input('Entre com outro número: ')
b = float(b)
soma = a + b *# Convertendo conteúdo de a e b de str para float*
resultado = "Resultado da soma de %10.2f com %8.2f é %4.2f" %
(a,b,soma)
print(resultado)

 **Resultados**

Entre com um número: 1
Entre com outro número: 2
Resultado da soma de   1.00 com   2.00 é 3.00

13. Resumo desta seção

- Variáveis são nomes que fazem referência a um valor armazenado na memória do computador;

- Existem regras para criação de nomes de variáveis e no Python existe diferença entre maiúsculas e minúsculas. Não usar espaços para nomes compostos, isto é, usar **var_local** e não **var local**;

- Variáveis podem ter atribuiçao de valor com o símbolo **'='**;

- Variáveis podem ser de 3 tipos básicos: **float**, **int**, **str**.

- Variáveis de diferentes tipos podem ser combinadas de acordo com a situação em questão;

- É possível realizar operações matemáticas com variáveis do tipo **float**, **int**, e **str**. Para as duas primeiras valem as operações matemáticas de soma, subtração, multiplicação, divisão e exponenciação com os resultados correspondentes. Para a última, somente a operação de soma funciona e o resultado é a concatenação de palavras contidas nas variáveis envolvidas.

- A entrada de dados via teclado pode usar o comando **input**.

- A saída de múltiplos valores pode ser feita através da combinação de texto, os operadores **%f**, **%d** ou **%i**, **%s**, e os comandos **% (var1, var2)**.

CAPÍTULO 2: COLEÇÕES

Playlist das vídeo-aulas com as explicações dos códigos deste Capítulo

https://bit.ly/3axc7ie

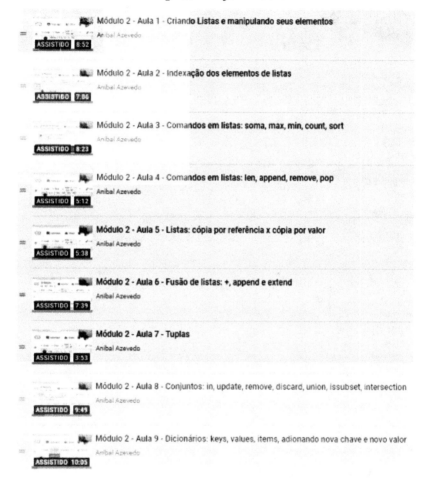

Módulo 2 - Aula 1 - Criando Listas e manipulando seus elementos
Anibal Azevedo
ASSISTIDO 8:52

Módulo 2 - Aula 2 - Indexação dos elementos de listas
Anibal Azevedo
ASSISTIDO 7.86

Módulo 2 - Aula 3 - Comandos em listas: soma, max, min, count, sort
Anibal Azevedo
ASSISTIDO 8:23

Módulo 2 - Aula 4 - Comandos em listas: len, append, remove, pop
Anibal Azevedo
ASSISTIDO 5:12

Módulo 2 - Aula 5 - Listas: cópia por referência x cópia por valor
Anibal Azevedo
ASSISTIDO 5:38

Módulo 2 - Aula 6 - Fusão de listas: +, append e extend
Anibal Azevedo
ASSISTIDO 7:39

Módulo 2 - Aula 7 - Tuplas
Anibal Azevedo
ASSISTIDO 3:53

Módulo 2 - Aula 8 - Conjuntos: in, update, remove, discard, union, issubset, intersection
Anibal Azevedo
ASSISTIDO 9:49

Módulo 2 - Aula 9 - Dicionários: keys, values, items, adicionando nova chave e novo valor
Anibal Azevedo
ASSISTIDO 10:05

0. Verificando seu conhecimento

Se você consegue entender todos os comandos que estão na célula abaixo, então, você pular este capítulo.

Prática

```python
# Comandos sobre listas
l1 = list(range(1,10,2))
print(l1[-4:])
l1.append(2)
l2 = ['a', l1.copy()]
print(l2)
l3 = ['b','c'] + l1
print(l3)
l4 = ['d']
l4.append(l1)
print(l4)
# Comandos sobre tuplas
tup = (3, 2, 5, 1)
print(tup[1:2])
# Comandos sobre conjuntos
set1 = {"banana","maçã"}
set2 = {"green", "blue"}
print("banana" in set1)
set1.add("mamão")
print(set1)
set2.update(["orange"])
print(set2)
set3 = set1.union(set2)
print(set3)
# Comandos sobre dicionários
cores = {1: 'blue', 2: 'red', 3: 'yellow', 4: 'green'}
dados = {'x': [1, 2, 3, 4, 5], 'y': [1, 4, 9, 16, 25]}
print(cores[1])
print(dados['x'])
print(dados['x'][1])
print(cores.keys())
print(dados.values())
print(cores.items())
```

**Resultados**

[3, 5, 7, 9]
['a', [1, 3, 5, 7, 9, 2]]
['b', 'c', 1, 3, 5, 7, 9, 2]
['d', [1, 3, 5, 7, 9, 2]]
(2,)
True
{'mamão', 'maçã', 'banana'}
{'blue', 'orange', 'green'}
{'mamão', 'blue', 'maçã', 'banana', 'green', 'orange'}
blue
[1, 2, 3, 4, 5]
2
dict_keys([1, 2, 3, 4])
dict_values([[1, 2, 3, 4, 5], [1, 4, 9, 16, 25]])
dict_items([(1, 'blue'), (2, 'red'), (3, 'yellow'), (4, 'green')])

1. Coleções de dados

Existem quatro tipos de coleções de dados que podem ser criados a partir dos tipos básicos (int, float, string):

1. **Lista (list)**: é uma coleção ordenada e mutável de valores que permite valores duplicados;

2. **Tupla (tuple)**: é uma coleção ordenada e imutável de valores que permite valores duplicados;

3. **Conjunto (set)**: é uma coleção sem ordenação e sem indexação que não pode ter valores duplicados;

4. **Dicionário (dictionary)**: é uma coleção sem ordenação, mutável e indexada.

A escolha adequada de uma coleção de dados depende de se conhecer as propriedades de cada uma. O resultado será um aumento de eficiência e segurança na manipulação dos dados.

2. Listas: criação e acesso aos elementos

L istas são coleções de dados que podem ser de tipos básicos (float, int, e str) iguais ou diferentes ou mesmo do tipos lista.

A partir de um único nome (o nome da lista) é possível reunir e referenciar os dados. Cada elemento da lista é separado por vírgulas (',') e pode ser referenciado com o uso do operador []. Um exemplo é obtenção do primeiro elemento da lista de nome x com x[0].

Prática

x = [-10, 5, 7, 9]   *# Lista de valores tipo int.*
y = ['ab','b','c','da'] *# Lista de valores tipo str*
z = [**x**, -10, 'ba', **y**]   *# Lista de valores tipo lista, int, str e lista.*
print(x)
print(x[0])
print(y)
print(y[0])
print(z)
print(z[0])

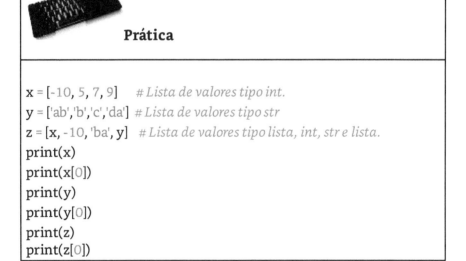

Resultados

[-10, 5, 7, 9]
-10

```
['ab', 'b', 'c', 'da']
ab
[[-10, 5, 7, 9], -10, 'ba', ['ab', 'b', 'c', 'da']]
[-10, 5, 7, 9]
```

3. Listas: acesso, manipulação e alteração

O s elementos das listas podem ser não só acessados, mas também alterados a partir do **operador []**. É importante ressaltar que o **comando len** fornece o **número de elementos da lista.**

Como o **primeiro elemento** de uma lista possui **indexação zero** (isto é, pode ser acessado com o uso do **operador [0]**), então, o último elemento pode ser acessado com o **operador [len(nome_lista)-1]**.

Outra possibilidade é acessar o **último elemento** com o uso do **índice [-1]**, pois a **indexação** é feita de forma **circular**. O esquema abaixo ilustra essas questões de indexação para uma lista de nome x:

```
x = [-20, -10, 40, 30]

  x[ 0] x[ 1] x[ 2] x[ 3]
  x[-4] x[-3] x[-2] x[-1]
```

Prática

```
len(x) = 4

x = [-20, -10, 40, 30]
```

```
print("x[ 0] = " + str(x[0]))
print("x[ 3] = " + str(x[3]))
print("x[-1] = " + str(x[-1]))
print("x[-4] = " + str(x[-4]))
print("len(x) = " + str(len(x)))
print("x[len(x)-1] = " + str(x[len(x)-1]))
```

**Resultados**

```
x[ 0] = -20
x[ 3] = 30
x[-1] = 30
x[-4] = -20
len(x) = 4
x[len(x)-1] = 30
```

4. Listas: acesso à múltiplos valores

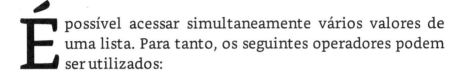

É possível acessar simultaneamente vários valores de uma lista. Para tanto, os seguintes operadores podem ser utilizados:

1. A partir do índice a até o índice len()-1: [a:]
2. A partir do índice 0 até um índice b-1: [:b]
3. A partir do índice a até um índice b-1: [a:b]
4. A partir do índice negativo -b até o índice -a: [-b:-a]
5. A partir de uma lista de índices: [[-1 -2 -3 -4]]

Prática

```
x = [-20, -10, 40, 30]
a = 0
b = len(x)
print("a = " + str(a))
print("b = " + str(b))
print("x[0:] = " + str(x[0:]))
print("x[:4] = " + str(x[:4]))
print("x[0:4] = " + str(x[0:4]))
print("x[-4:-1] = " + str(x[-4:-1]))
```

Resultados

```
a = 0
```

```
b = 4
x[0:] = [-20, -10, 40, 30]
x[:4] = [-20, -10, 40, 30]
x[0:4] = [-20, -10, 40, 30]
x[-4:-1] = [-20, -10, 40]
```

5. Listas: comandos úteis

S egue uma lista de comandos e seus respectivos significados:

- **range** serve para especificar uma faixa de valores;
- **list** transforma uma faixa de valores em uma lista;
- **len** fornece o total de elementos da lista;
- **count** conta o número de ocorrência de um determinado valor;
- **max** retorna o elemento de maior valor;
- **min** retorna o elemento de menor valor;
- **index** retorna o índice na lista do valor especificado;
- **sort** ordenação de valores em ordem crescente (**reverse = False**) ou decrescente (**reverse = True**).

Prática

```
l1 = list(range(1,10,2))
print(l1)
print("len(l1) = " + str(len(l1)))
print("l1.count(5) = " + str(l1.count(5)))
print("max(l1) = " + str(max(l1)))
print("min(l1) = " + str(min(l1)))
print("l1.index(9) = " + str(l1.index(9)))
print("l1 antes do sort")
print(l1)
l1.sort(reverse=False)
```

```
print("l1 depois do sort, reverse = False")
print(l1)
l1.sort(reverse=True)
print("l1 depois do sort, reverse = True")
print(l1)
```

**Resultados**

```
[1, 3, 5, 7, 9]
len(l1) = 5
l1.count(5) = 1
max(l1) = 9
min(l1) = 1
l1.index(9) = 4
l1 antes do sort
[1, 3, 5, 7, 9]
l1 depois do sort, reverse = False
[1, 3, 5, 7, 9]
l1 depois do sort, reverse = True
[9, 7, 5, 3, 1]
```

6. Listas Modificando, Adicionando e Removendo valores

As listas são mutáveis, pois não seus elementos podem ser modificados, mas também podem ser adicionados novos elementos (**append**) ou elementos podem ser removidos (**remove(valor_e)** - **remove** o elemento cujo valor é **valor_e**, e **pop(ind_e)** **remove** o elemento contido no **índice ind_e**).

Prática

```
x = [-20, -10, 40, 30]
print(x)
x[0] = x[1]
print(x)
x.append(50)
print(x)
x.remove(-10)
print(x)
x.pop(1)
print(x)
```

Resultados

```
[-20, -10, 40, 30]
[-10, -10, 40, 30]
```

[-10, -10, 40, 30, 50]
[-10, 40, 30, 50]
[-10, 30, 50]

7. Listas: Criando cópias

S e desejar que uma cópia de uma lista x seja feita na variável y é necessário utilizar o **comando copy** e o comando de **atribuição =**. Do contrário, será criada apenas um referência de y para x, tal que qualquer modificação em y na verdade será realizada em x.

Prática

```
x = ['red', 'blue', 'yellow', 'green']
y = x
print("Valores antes da cópia por referência")
print(x)
print(y)
y.pop(1) # eliminando o elemento [1].
print("Copia da referencia")
print(x)
print(y)

print("Valores antes da cópia dos valores")
print(x)
print(y)
print("Copia dos valores")
y = x.copy()
y.pop(1) # eliminando o elemento [0].
print(x)
print(y)
```

**Resultados**

Valores antes da cópia por referência
['red', 'blue', 'yellow', 'green']
['red', 'blue', 'yellow', 'green']
Copia da referencia
['red', 'yellow', 'green']
['red', 'yellow', 'green']
Valores antes da cópia dos valores
['red', 'yellow', 'green']
['red', 'yellow', 'green']
Copia dos valores
['red', 'yellow', 'green']
['red', 'green']

8. Fusão de listas

É possível juntar o conteúdo de duas listas em uma única atravé s dos seguintes comandos: **+**, **append**, **e extend**. Para o caso do novo elemento a ser adicionado ser uma lista, a diferença entre **l1.append(l2)** e **l1.extend(l2)** é que o primeiro comando adiciona l2 como um novo elemento da lista ao passo que o segundo adiciona todos os elementos contidos em l2 em novos elementos de l1.

Prática

```
list1 = [5, 2, 3]
list2 = ['a','b','c']
list1 = list1 + list2
print(list1)
list2.extend(list1)
print(list2)
list1.append(list2)
print(list1)
list3 = [] # new empty list.
list3.extend(list2)
print(list3)
list4 = list1.copy() # new list copying data from another list.
list4.append(list2)
print(list4)
```

Resultados

```
 [5, 2, 3, 'a', 'b', 'c']
['a', 'b', 'c', 5, 2, 3, 'a', 'b', 'c']
[5, 2, 3, 'a', 'b', 'c', ['a', 'b', 'c', 5, 2, 3, 'a', 'b', 'c']]
['a', 'b', 'c', 5, 2, 3, 'a', 'b', 'c']
[5, 2, 3, 'a', 'b', 'c', ['a', 'b', 'c', 5, 2, 3, 'a', 'b', 'c'], ['a', 'b', 'c', 5, 2, 3, 'a', 'b', 'c']]
```

9. Tuplas

As tuplas (tuples) são similares as listas, porém uma vez criadas não podem ser modificadas. São úteis para a criação de valores que não podem ser mudados. Assim, o comando de atribuição de valor dado por '=' não pode ser utilizado para um elemento específico da tupla após a criação da mesma. Sua criação é ligeiramente diferente das listas e **utiliza "()"** ao **invés de "[]"**. A indexação de valores também começa no valor zero e o **acesso aos valores** também utiliza o **operador "[index]"**.

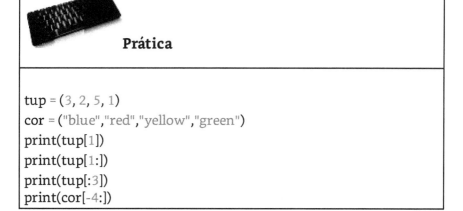

Prática

```
tup = (3, 2, 5, 1)
cor = ("blue","red","yellow","green")
print(tup[1])
print(tup[1:])
print(tup[:3])
print(cor[-4:])
```

Resultados

```
2
(2, 5, 1)
(3, 2, 5)
('blue', 'red', 'yellow', 'green')
```

10. Conjuntos

O s conjuntos (sets)são declarados utilizando-se os operadores '{}'. Seus valores podem ser alterados como nas listas, porém estes não possuem uma indexação tal que a única forma de acessar seus elementos é através dos nomes dos elementos.

Para realizar a adição de um elemento usa-se add e múltiplos usa-se update.

Para a remoção de um elemento usa-se remove ou discard.

Para armazenar a união de dois conjuntos em um terceiro e novo conjunto usa-se union e para armazenar o resultado da união em um dos conjuntos usa-se update.

O comando **issubset** verifica se um conjunto é subconjunto de outro conjunto e o resultado a ser retornado será **True** se o conjunto for subconjunto de outro ou false, caso contrário.

O comando **intersection** retorna um subconjunto que é a intersecção entre dois conjuntos.

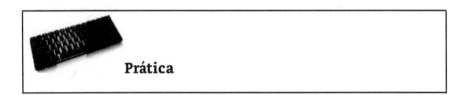

Prática

```python
set1 = {"banana","maçã","uva","laranja"}
set2 = {"green", "blue", "yellow", "red"}
print("banana" in set1) # Retorna verdadeiro (True) se houver o elem-
                        # ento banana em set1.
set1.add("mamão")
print(set1)
set2.update(["orange", "white", "black"])
print(set2)
set2.remove("orange")
print(set2)
set2.discard("white")
print(set2)
set3 = set1.union(set2)
print(set3)
set2.update(set1)
print(set2)
res = set1.issubset(set3)
print(res)
set4 = set3.intersection(set1)
print(set4)
```

**Resultados**

```
True
{'uva', 'mamão', 'banana', 'maçã', 'laranja'}
{'orange', 'white', 'red', 'green', 'black', 'blue', 'yellow'}
{'white', 'red', 'green', 'black', 'blue', 'yellow'}
{'red', 'green', 'black', 'blue', 'yellow'}
{'uva', 'red', 'mamão', 'banana', 'green', 'maçã', 'laranja', 'black', 'blue',
'yellow'}
```

{'uva', 'red', 'mamão', 'banana', 'green', 'maçã', 'laranja', 'black', 'blue', 'yellow'}
True
{'uva', 'mamão', 'banana', 'maçã', 'laranja'}

11. Dicionários

O s dicionários (dictionaries) é uma coleção sem ordenação, mutável e com indexação. Seus elementos são organizados em um estrutura de par **(chave: valor)** e são **separados por vírgulas**.

A **chave** pode ser **qualquer tipo básico**, e o **valor** pode ser um **tipo básico** ou uma **coleção**.

A **declaração** de um dicionário utiliza o **operador '{}'**.

Para **acessar um valor** ('value') é necessário **fornecer** o **nome da chave** correspondente ('key') utilizando o **operador '[]'**.

Para se saber quais as **chaves** de um **dicionário** d usa-se **d.keys()**, os **valores** usa-se **d.values()**, e **chaves e valores** usa-se **d.items()**.

Para se modificar o valor val com val2 na posição pos de uma lista l1 associada a uma chave 'k' de um dicionário d usa-se **d['k'][pos] = val2**.

Prática

```
cores = {1: 'blue', 2: 'red', 3: 'yellow', 4: 'green'}
dados = {'x': [1, 2, 3, 4, 5], 'y': [1, 4, 9, 16, 25]}

print(cores[1])
print(dados['x'])
print(cores.keys())
print(dados.values())
print(cores.items())
print(cores)

cores["4"] = 'black'
print(cores)
print(dados)

dados["y"][0] = 0
print(dados)
```

**Resultados**

```
blue
[1, 2, 3, 4, 5]
dict_keys([1, 2, 3, 4])
dict_values([[1, 2, 3, 4, 5], [1, 4, 9, 16, 25]])
dict_items([(1, 'blue'), (2, 'red'), (3, 'yellow'), (4, 'green')])
{1: 'blue', 2: 'red', 3: 'yellow', 4: 'green'}
{1: 'blue', 2: 'red', 3: 'yellow', 4: 'green', '4': 'black'}
{'x': [1, 2, 3, 4, 5], 'y': [1, 4, 9, 16, 25]}
```

```
{'x': [1, 2, 3, 4, 5], 'y': [0, 4, 9, 16, 25]}
```

12. Sumário dos tipos básicos e coleções

Os tipos básicos e coleções são resumidos a seguir:

• *Tipos básicos*

Tipos int: valores inteiros
canetas = 10

Tipo float: valores reais
temperatura = 10.2

Tipo str: palavras e letras
mensagem = "Mensagem codificada"

- ## *Coleções*

Listas: conjunto de valores mutáveis e ordenados de tipos básicos ou coleções

cores = ["black", "white", "red", "green"]

dados = [30.2, 76.1, 90.2, 56.3]

relacao = [cores, dados]

Para obtenção dos valores contidos na estrutura usa-se lista[index]. Ex: cores[0].

Tuplas: lista de valores imutáveis

---

vogais = ('a', 'e', 'i', 'o', 'u')

digitos = (0, 1, 2, 3, 4, 5, 6, 7, 8, 9)

Para acesso aos valores usa-se tupla[index]. Ex: vogais[0].

Conjuntos: lista de valores mutáveis, porém sem ordenação

---

set1 = {"banana","maçã","uva","laranja"}

set2 = {"green", "blue", "yellow", "red"}

Operações com conjuntos podem ser realizadas com comandos tal como **union: set3 = set1.union(set2).**

Dicionários: valores mutáveis organizados em pares - chaves e valores

---

cadastro = {"João": "+37682929928", "Maria": "+423998200919"}

As chaves de um dicionário podem ser obtidas com: **cadastro.keys()**

Os valores de um dicionário podem ser obtidas com: **cadastro.values()**

As chaves e os valores de um dicionário podem ser obtidos com: **cadastro.items()**

O acesso a um valor específico pode ser realizado com: **cadastro["João"]**

CAPÍTULO 3: PROJETO 1 – GRÁFICOS COM MATPLOTLIB

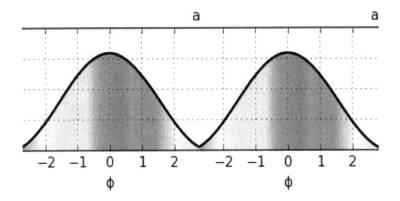

Playlist das vídeo-aulas com as explicações dos códigos deste Capítulo

https://bit.ly/3oJl7pP

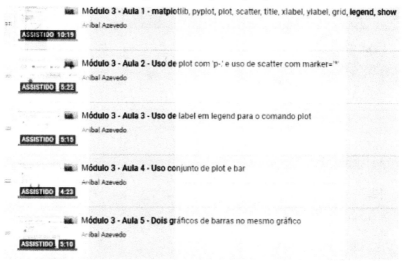

1. Gráficos: usando a biblioteca matplotlib

Para criar gráficos é necessário importar a biblioteca matplotlib. Em especial queremos utilizar o comando pyplot que terá o apelido de plt.

Prática

 # Importando a biblioteca para fazer gráficos.
import matplotlib.pyplot as plt

x = [2, 3, 4, 5, 6, 7, 8, 9]
y = [9, 2, 8, 3, 7, 4, 6, 5]

 # Criando gráficos a partir dos valores contidos em x e y.
plt.plot(x, y, color='green') *# Desenhando linhas*
plt.scatter(x, y, color='red') *# Desenhando apenas os pontos*
plt.title('Evolução das vendas') *# Título do gráfico*
plt.xlabel('Tempo') *# Definindo nome do eixo X*
plt.ylabel('Vendas') *# Definindo nome do eixo Y*
plt.legend(['Previsão','Verificado']) *# Definindo legenda*
plt.grid() *# Criando uma grade*

plt.show()

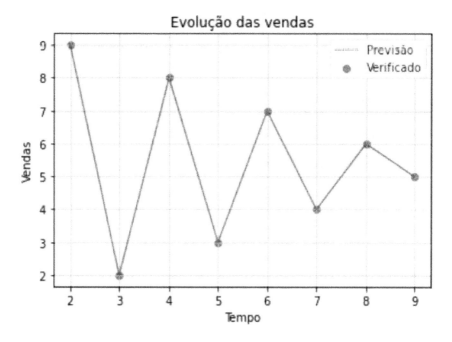

2. Mudando linha e marcadores

E xistem outras opções de cores e formatos tanto para a
linha quanto para os marcadores utilizados.

Prática

```
plt.plot(x, y, 'b--')
plt.scatter(x, y, marker="*", color='red')
plt.show()
```

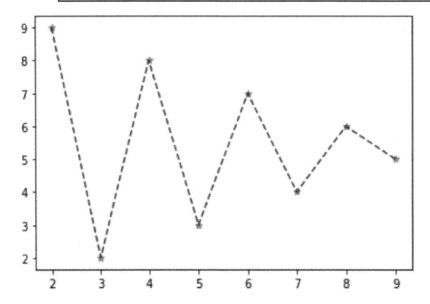

3. Mais linhas em um único gráfico

Prática

```
import matplotlib.pyplot as plt

x = [1, 2, 3, 4, 5, 6, 7, 8, 9]
y1 = [1, 3, 5, 3, 1, 3, 5, 3, 1]
y2 = [2, 4, 6, 4, 2, 4, 6, 4, 2]
plt.plot(x, y2, color = "blue", label="Produção")
plt.plot(x, y1, color = "orange", label="Demanda")

plt.xlabel("Eixo x")
plt.ylabel("Eixo y")
plt.title("Produção e demanda ao longo do tempo")
plt.legend()
plt.show()
```

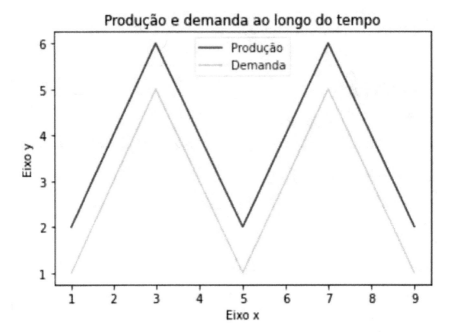

4. Mudando de linhas para barras

Prática

É possível modificar o estilo do gráfico para barras ao invés de ponto para desenhar em conjunto com a linha de tendência.

```
plt.plot(x, y, 'b--')
plt.bar(x, y, color='gray')
plt.show()
```

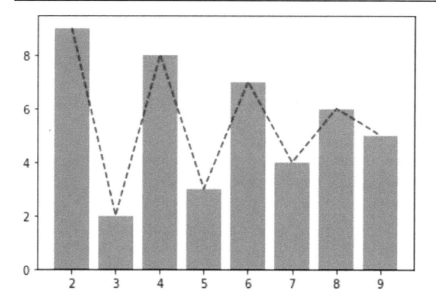

5. Duas barras no mesmo gráfico

Prática

```
import matplotlib.pyplot as plt

# Look at index 4 and 6, which demonstrate overlapping cases.
x1 = [1, 3, 4, 5, 6, 7, 9] # Pareamento entre índice de satisfação (x) e
número de clientes (y)
y1 = [4, 7, 2, 4, 7, 8, 3]

x2 = [2, 4, 6, 8, 10] # Pareamento entre índice de satisfação (x) e número
de clientes (y)
y2 = [5, 6, 2, 6, 2]

# Mais cores: https://matplotlib.org/api/colors_api.html

plt.bar(x1, y1, label="Empresa A", color='b')
plt.bar(x2, y2, label="Empresa B", color='g')
plt.plot()

plt.xlabel("Índice de Satisfação")
plt.ylabel("Número de clientes")
plt.title("Comparativo de desempenho entre empresas")
plt.legend()
plt.show()
```

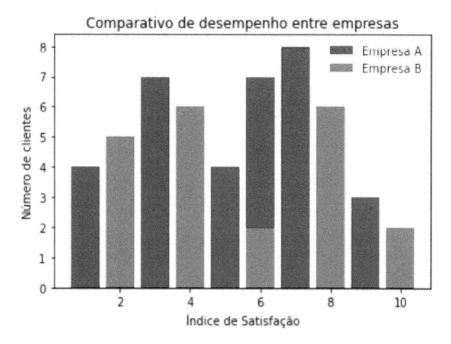

CAPÍTULO 4: PANDAS E DATAFRAME (TABELA DE DADOS)

6	7	8	9	10	11	12
4	87	98	53	82	85	49
56	41	22	13	74	0	97
17	67	19	29	31	30	25
42	14	21	36	77	93	2
0	41	33	66	90	80	55

**Playlist das vídeo-aulas com as explicações
dos códigos deste Capítulo**

https://bit.ly/36xdInd

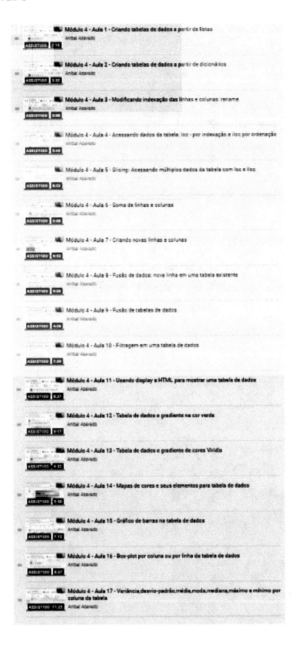

Módulo 4 - Aula 1 - Criando tabelas de dados a partir de listas
Anibal Azevedo

Módulo 4 - Aula 2 - Criando tabelas de dados a partir de dicionários
Anibal Azevedo

Módulo 4 - Aula 3 - Modificando indexação das linhas e colunas: rename
Anibal Azevedo

Módulo 4 - Aula 4 - Acessando dados da tabela: loc - por indexação e iloc por ordenação
Anibal Azevedo

Módulo 4 - Aula 5 - Slicing: Acessando múltiplos dados da tabela com loc e iloc
Anibal Azevedo

Módulo 4 - Aula 6 - Soma de linhas e colunas
Anibal Azevedo

Módulo 4 - Aula 7 - Criando novas linhas e colunas
Anibal Azevedo

Módulo 4 - Aula 8 - Fusão de dados: nova linha em uma tabela existente
Anibal Azevedo

Módulo 4 - Aula 9 - Fusão de tabelas de dados
Anibal Azevedo

Módulo 4 - Aula 10 - Filtragem em uma tabela de dados
Anibal Azevedo

Módulo 4 - Aula 11 - Usando display e HTML para mostrar uma tabela de dados
Anibal Azevedo

Módulo 4 - Aula 12 - Tabela de dados e gradiente na cor verde
Anibal Azevedo

Módulo 4 - Aula 13 - Tabela de dados e gradiente de cores Viridis
Anibal Azevedo

Módulo 4 - Aula 14 - Mapas de cores e seus elementos para tabela de dados
Anibal Azevedo

Módulo 4 - Aula 15 - Gráfico de barras na tabela de dados
Anibal Azevedo

Módulo 4 - Aula 16 - Box-plot por coluna ou por linha da tabela de dados
Anibal Azevedo

Módulo 4 - Aula 17 - Variância,desvio-padrão,média,moda,mediana,máximo e mínimo por coluna da tabela
Anibal Azevedo

0. Verificando o seu conhecimento

U m tipo muito útil que está disponível na biblioteca pandas é o tipo tabela de dados ou data frame. Com ele é possível manipular dados em formato de tabela e utilizar funções estatísticas variadas. É um tipo de dados mutável, com ordenação e indexação.

Além disso, a biblioteca **pandas** fornece uma série de funções que facilitam a leitura de dados de arquivos e páginas da internet o que permite a criação de uma série de aplicações importantes como será visto mais para frente.

Se você consegue entender o funcionamento dos comandos que estão na próxima célula, então, não é necessário prosseguir nesta seção.

Prática

```
import pandas as pd
from IPython.display import display, HTML
import seaborn as sns

df = pd.DataFrame(data=[[7,20],[4,9]], index=[0,1], columns=['F','C'])
```

69

```
df2 = pd.DataFrame({'Favor': [15, 4], 'Contra': [45, 36]})
df2 = df2.rename(index={0: 2, 1: 3},columns={'Favor':'F','Con-
tra':'C'})
print(df)
print(df.loc[0,'C'])
print(df2)
print(df2.iloc[0,0])
df = pd.concat([df, df2])
display(HTML(df.to_html()))
print(df[df > 4])

media    = df.loc[:,'F'].mean()
variancia = df.loc[:,'C'].var(ddof=0)
print(media)
print(variancia)
# Teste um dos comandos de cada vez:
df.loc[:4].style.background_gradient(cmap='viridis')
# df.style.bar(subset=['F'], align='mid', color=['#d65f5f', '#5fba7d'])
# boxplot = df.boxplot()
```

**Resultados**

```
☐→      F   C
     0  7  20
     1  4   9
     20
         F   C
     2  15  45
     3   4  36
     15
           F   C

     0   7  20

     1   4   9

     2  15  45

     3   4  36
           F   C
     0  7.0  20
     1  NaN   9
     2  15.0  45
     3  NaN  36
     7.5
     194.25
       F  C
     0  7  20
     1  4   9
     2  15 45
     3  4  36
```

1. Criando uma tabela de dados com listas

Um tipo data frame possui **3 elementos principais**, que são inerentes a uma tabela, **índices das linhas (index)**, **índices das colunas (columns)**, e os **dados (data)**.

Cabe destacar que a atribuição inicial dos **índices de linhas e colunas** são **listas** de um tipo **básico int ou str**.

Já para os dados é necessário criar uma **lista de listas** do tipo básico **int ou float** tal que **data = [lista1, lista2, ..., listan]**.

A **lista i** de **data** corresponde aos dados da **i-ésima linha** da **tabela de dados**. Os dados deverão ter a seguinte organização geral:

1. **index = lista_nomes_linhas**
2. **columns = lista_nomes_colunas**
3. **data = [lista1, lista2, ..., listan]**

Prática

import pandas as pd

 # Preenchendo os dados da tabela por linha.
 # Index fornece a denominação por linha e columns a denominação por

coluna.

ind=['H','M']

col=['F','C']

dat=[[7,20],[4,9]]

df = pd.DataFrame(data=dat, index=ind, columns=col)

df

**Resultados**

```
     F   C
H    7  20
M    4   9
```

2. Criando uma tabela de dados com dicionários

O tipo **dataframe** pode ser criado também a partir dos valores contidos em uma coleção do tipo **dicionário**.

Nesse caso, **não** se **especifica** os valores de **index, columns, e data**, pois as **chaves (keys)** do dicionário irão fornecer as **informações de index** e os **valores (values)** do **dicionário** irão fornecer as **informações de data**.

Observe que cada **value** será uma **lista relacionada** com os **dados de cada linha da tabela**. O dicionário deverá ter a seguinte forma geral:

dicionario = {'L1': lista1, 'L2': lista2, ..., 'Ln': listan}

Prática

```
import pandas as pd
dic = {'Favor': [15, 4], 'Contra': [45, 36]}
df = pd.DataFrame(dic)
```

df

**Resultados**

```
   Favor  Contra
0    15     45
1     4     36
```

3. Modificando a indexação de linhas e colunas

C aso seja necessário **modificar a indexação** de uma tabela de dados, basta empregar o **comando rename**.

Neste caso, será necessário especificar se deseja-se **modificar** a **indexação das linhas (index)** ou **colunas (columns)**.

Independentemente da indexação será necessário **empregar um dicionário** cujas chaves indicam qual o índice atual e o valor associado indica para qual índice deseja-se trocar.

De forma geral os novos índices serão fornecidos por dicionários com a seguinte formatação:

1. **dic_linhas = {'L1': 'NovaL1', 'L2': 'NovaL2', ..., 'LN' : 'NovaLN'}**
2. **dic_colunas = {'C1': 'NovaC1', 'C2': 'NovaC2', ..., 'CN' : 'NovaCN'}**

Prática

```
linhas = {0: "H", 1: "M"}
colunas = {'Favor':'F','Contra':'C'}
df = df.rename(index=linhas,columns=colunas)
df
```

Resultados

	F	C
H	15	45
M	4	36

4. Fazendo referência a um valor do tipo tabela de dados

São duas as formas para referenciar um valor contido na tabela:

- **Por indexação**: Com o comando **loc** é necessário especificar a indexação do nome da linha e da coluna associadas ao elemento de interesse. Por exemplo: **df.loc['M','C']**

- **Por ordenação**: Com o comando **iloc** é necessário especificar a ordem numérica das linhas e colunas. É útil saber que a indexação inicial de linhas e colunas começa no valor 0. Por exemplo: **df.iloc[0,0]**

Prática

```
print("Obtendo elemento por indexação: " + str(df.loc['M','C']))
print("Obtendo elemento por ordenação: " + str(df.iloc[0,0]))
```

 **Resultados**

Obtendo elemento por indexação: 36
Obtendo elemento por ordenação: 15

5. Fazendo referência a múltiplos elementos

É possível fazer **referência** a todos os **elementos** de uma linha ou coluna tanto usando o **comando loc ou iloc em conjunto com o operador ':'** para indicar todos os elementos da linha ou da coluna. A sintaxe geral é dada por:

1. Usando **loc**: **df.loc[:,'C']** - obtém todos os elementos da **coluna com índice 'C'**;

2. Usando **iloc**: **df.iloc[1,:]** - obtém todos os elementos da **linha com índice de ordem 1 (segunda linha)**;

3. Usando **loc**: **df.loc[:,['F','C']]** - obtém todos os elementos das **colunas com índice 'F' e 'C'**;

4. Usando **loc**: **df.loc['H':'M','F':'C']** - obtém todos os elementos das **linhas com índice 'H' e 'M' e colunas com índice 'F' e 'C'**;

5. Usando **iloc**: **df.iloc[0:1,[0, 1]]** - obtém todos os elementos da **linha com índice de ordem 0 (primeira linha) e colunas com índice de ordem 0 e 1**.

Prática

```
print("Dados da coluna C")
print(df.loc[:,'C'])
print("Dados linha de índice 1")
```

```
print(df.iloc[1,:])
print(df.loc[:,['F','C']])
print(df.loc['H':'M','F':'C'])
print(df.iloc[0:1,[0, 1]])
```

**Resultados**

Dados da coluna C

H 45

M 36

Name: C, dtype: int64

Dados linha de índice 1

F   4

C 36

Name: M, dtype: int64

  F C

H 15 45

M 4 36

  F C

H 15 45

M 4 36

  F C

H 15 45

6. Soma dos elementos por linha ou por coluna

É possível realizar a **soma dos elementos por linha ou por coluna** de uma tabela de dados.

Para tanto, usa-se o **comando sum** e o **parâmetro axis** pode receber valor 1 para a soma de valores por linha, ou valor 2 para a soma de valores por coluna.

Prática

```
print("Soma dos valores por linha")
print(df.sum(axis=1))
print("Soma dos valores por coluna")
print(df.sum(axis=0))
```

Resultados

```
Soma dos valores por linha
H  60
M  40
```

dtype: int64
Soma dos valores por coluna
F   19
C   81
dtype: int64

7. Adicionando novas linhas ou colunas

A tabela de dados pode ter uma adição de linhas ou colunas.

Para tanto, basta indicar se os **novos valores** serão colocados em uma **nova linha** com o comando **df.loc['NL1',:]** ou em uma **nova coluna** com o comando **df.loc[:,'NC1']**. O mesmo pode ser efetuado com o **comando iloc**.

 **Prática**

```
# Soma das linhas sendo guardada na nova coluna 'T'.
df.loc[:,'T'] = df.sum(axis=1)
# Soma das colunas sendo guardada na nova linha 'Total'.
df.loc['Total',:] = df.sum(axis=0)
df
```

 **Resultados**

	F	C	T
H	15.0	45.0	60.0
M	4.0	36.0	40.0
Total	19.0	81.0	100.0

8. Concatenação de duas tabelas de dados

Suponha que deseja-se **adicionar uma série de dados** como uma **linha adicional no final** de uma tabela com dados de 5 empresas. Os comando a seguir ilustram como realizar essa operação.

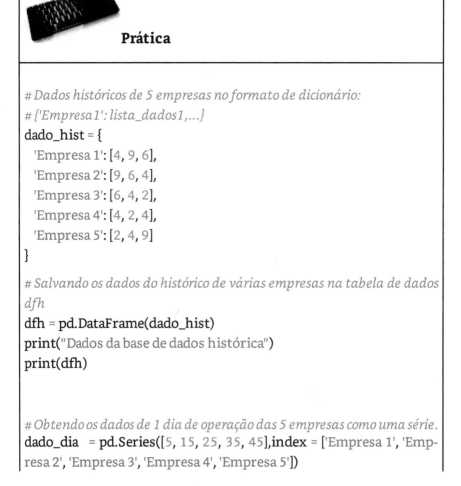

Prática

```
# Dados históricos de 5 empresas no formato de dicionário:
# {'Empresa1': lista_dados1,...}
dado_hist = {
  'Empresa 1': [4, 9, 6],
  'Empresa 2': [9, 6, 4],
  'Empresa 3': [6, 4, 2],
  'Empresa 4': [4, 2, 4],
  'Empresa 5': [2, 4, 9]
}
# Salvando os dados do histórico de várias empresas na tabela de dados
dfh
dfh = pd.DataFrame(dado_hist)
print("Dados da base de dados histórica")
print(dfh)


# Obtendo os dados de 1 dia de operação das 5 empresas como uma série.
dado_dia  = pd.Series([5, 15, 25, 35, 45],index = ['Empresa 1', 'Empresa 2', 'Empresa 3', 'Empresa 4', 'Empresa 5'])
```

```
# Transformando o dado de uma série em uma nova linha com indice 3.
nova_linha = pd.DataFrame([dado_dia],index=[3])


# Adicionando a nova linha na tabela com os dados do histórico das emp-
resas.
dfh = pd.concat([dfh, nova_linha])
print("Dados da base de dados histórica atualizada")
print(dfh)
```

**Resultados**

Dados da base de dados histórica

	Empresa 1	Empresa 2	Empresa 3	Empresa 4	Empresa 5
0	4	9	6	4	2
1	9	6	4	2	4
2	6	4	2	4	9

Dados da base de dados histórica atualizada

	Empresa 1	Empresa 2	Empresa 3	Empresa 4	Empresa 5
0	4	9	6	4	2

1	9	6	4	2	4
2	6	4	2	4	9
3	5	15	25	35	45

9. Adicionando novos dados e eliminando redundâncias

 tabela de dados pode adicionar novos dados contidos em outra tabela, bastando empregar o comando **append()**.

Para saber as dimensões de uma tabela basta usar o **comando shape**. A eliminação de redundâncias pode ser feita com o comando drop_duplicates.

 **Prática**

```
dfh = dfh.append(dfh)
print(dfh.shape)
print(dfh)
dfh.drop_duplicates(inplace=True)
print(dfh.shape)
print(dfh)
```

 **Resultados**

(8, 5)

Empresa 1	Empresa 2	Empresa 3	Empresa 4	Empresa 5
0	4	9	6	4	2
1	9	6	4	2	4
2	6	4	2	4	9
3	5	15	25	35	45
0	4	9	6	4	2
1	9	6	4	2	4
2	6	4	2	4	9
3	5	15	25	35	45

(4, 5)

Empresa 1	Empresa 2	Empresa 3	Empresa 4	Empresa 5
0	4	9	6	4	2
1	9	6	4	2	4
2	6	4	2	4	9
3	5	15	25	35	45

10. Filtragem de dados

É possível realizar a seleção e mesmo a alteração dos dados contidos na tabela de dados. Alguns exemplos:

1. dfh[dfh > 4] - retorna todos os valores de dfh que são maiores que 4. Os demais valores serão mostrados como **'NaN'**;

2. dfh[dfh <= 4] = 0 - todos os valores de dfh que forem menores ou iguais que 4 serão trocados pelo valor 0.

3. dfh[dfh['Empresa 5'] > 5] - retorna apenas as linhas tais que os valores contidos na coluna **'Empresa 5'** são maiores que 5;

4. dfh[dfh[0] <= 5] - retorna apenas as colunas tais que os valores contidos na linha **'dfh[0]'** são menores ou iguais que 5.

Prática

```
print(dfh)
print(dfh[dfh > 4])
print(dfh[dfh['Empresa 5'] > 5])
```

```
print(dfh[dfh['Empresa 1'] < 5])

dfh2 = dfh.copy()
dfh2[dfh2 <= 4] = 0
print(dfh2)
```

**Resultados**

	Empresa 1	Empresa 2	Empresa 3	Empresa 4	Empresa 5
0	4	9	6	4	2
1	9	6	4	2	4
2	6	4	2	4	9
3	5	15	25	35	45

	Empresa 1	Empresa 2	Empresa 3	Empresa 4	Empresa 5
0	NaN	9.0	6.0	NaN	NaN
1	9.0	6.0	NaN	NaN	NaN
2	6.0	NaN	NaN	NaN	9.0
3	5.0	15.0	25.0	35.0	45.0

	Empresa 1	Empresa 2	Empresa 3	Empresa 4	Empresa 5
2	6	4	2	4	9
3	5	15	25	35	45

	Empresa 1	Empresa 2	Empresa 3	Empresa 4	Empresa 5
0	4	9	6	4	2

	Empresa 1	Empresa 2	Empresa 3	Empresa 4	Empresa 5
0	0	9	6	0	0
1	9	6	0	0	0
2	6	0	0	0	9
3	5	15	25	35	45

11. Exibição da tabela de dados: parte 1

Para exibir o conteúdo de uma tabela de dados de modo que a mesma tenha uma boa aparência, basta empregar os **comandos display, HTML e to_html** ao **invés** de apenas **print**.

Também é possível mostrar apenas as **n** primeiras linhas de valores de **df** com **df.head(n)** ou **n** últimas linhas de valores de **df** com **df.tail(n)**.

Prática

```
from IPython.display import display, HTML
display(HTML(dfh.to_html()))
dfha = dfh.head(2)
display(HTML(dfha.to_html()))
dfhb = dfh.tail(2)
display(HTML(dfhb.to_html()))
```

Resultados

⯈

	Empresa 1	Empresa 2	Empresa 3	Empresa 4	Empresa 5
0	4	9	6	4	2
1	9	6	4	2	4
2	6	4	2	4	9
3	5	15	25	35	45

	Empresa 1	Empresa 2	Empresa 3	Empresa 4	Empresa 5
0	4	9	6	4	2
1	9	6	4	2	4

	Empresa 1	Empresa 2	Empresa 3	Empresa 4	Empresa 5
2	6	4	2	4	9
3	5	15	25	35	45

11. Exibição da tabela de dados: parte 2

Mapas de cores podem ser utilizados para realçar as **diferenças dos dados** em uma tabela de dados. Mapa com apenas 1 cor pode ser usado como dado a seguir.

Prática

```
# Mais detalhes em: https://pandas.pydata.org/pandas-docs/stable/
user_guide/style.html
import seaborn as sns
cm = sns.light_palette("green", as_cmap=True)
s = dfh.style.background_gradient(cmap=cm)
s
```

Resultados

⯈	Empresa 1	Empresa 2	Empresa 3	Empresa 4	Empresa 5
0	4	9	6	4	2
1	9	6	4	2	4
2	6	4	2	4	9
3	5	15	25	35	45

11. Exibição da tabela de dados: parte 3

M apas de **cores pré-estabelecidos** pode ser utilizados na tabela. Alguns exemplos são: **'viridis'**, **'magma'**, e **'plasma'**.

Prática

```
# Uses the full color range
dfh.loc[:4].style.background_gradient(cmap='viridis')
```

Resultados

	Empresa 1	Empresa 2	Empresa 3	Empresa 4	Empresa 5
1	9	6	4	2	4
2	6	4	2	4	9
3	5	15	25	35	45

11. Exibição da tabela de dados: parte 4

Para obter os possíveis mapas de cores que podem ser aplicados na tabela de dados seguem os comandos que mostram os nomes desses possíveis mapas e suas respectivas cores.

Prática

```
# https://plotly.com/python/builtin-colorscales/
import plotly.express as px
#print(px.colors.sequential.Plasma)
#a = px.colors.sequential.Plasma
a = px.colors.sequential.Rainbow
print(a)
fig = px.colors.sequential.swatches()
fig.show()
```

**Resultados**

['rgb(150,0,90)', 'rgb(0,0,200)', 'rgb(0,25,255)', 'rgb(0,152,255)', 'rgb(44,255,150)', 'rgb(151,255,0)', 'rgb(255,234,0)', 'rgb(255,111,0)', 'rgb(255,0,0)']

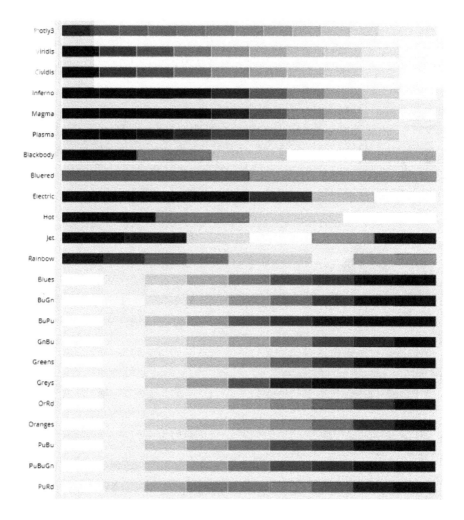

11. Exibição da tabela de dados: parte 5

É possível combinar apenas algumas **colunas da tabela de dados** com **gráficos de barras** com **duas escalas de cores**: uma cor para valores negativos e outra para valores positivos.

 **Prática**

```
dfh.loc[0,'Empresa 2'] = -9
dfh.loc[1,'Empresa 2'] = -6
dfh.loc[2,'Empresa 2'] = -4

dfh.style.bar(subset=['Empresa 1', 'Empresa 2'], align='mid',
color=['#d65f5f', '#5fba7d'])
```

**Resultados**

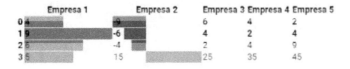

	Empresa 1	Empresa 2	Empresa 3	Empresa 4	Empresa 5
0		-9	6	4	2
1	9	-6	4	2	4
2		-4	2	4	9
3		15	25	35	45

12. Gráficos estatísticos

É possível criar diagramas de caixa ou box-plot a partir dos dados fornecidos. Os gráficos box-plot ordenam os dados em ordem crescente e fracionam os dados em quartis (faixas que contém 25% dos dados):

1. Primeiro quartil ou Q1: valor que delimita o limite superior da faixa de valores que contém os primeiro 25% menores valores;

2. Segundo quartil ou Q2: 50% dos valores são menores e outros 50% dos valores são maiores que a mediana Q2.

3. Terceiro quartil ou Q3: faixa de valores que contém os terceiro 25% menores valores. A faixa do terceiro quartil vai da mediana até Q3;

4. Quarto quartil: faixa de valores que contém os quarto 25% menores valores ou os primeiro maiores valores.

A Figura 1 fornece um exemplo de diagrama de caixa.

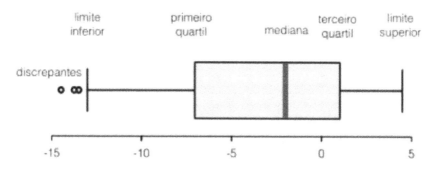

Figura 1: Exemplo de diagrama de caixa ou **box-plot**.

Observe que esse diagrama serve para representar a dispersão dos dados.Eventualmente valores discrepantes para mais ou para menos são chamados de **outliers** e são representados por bolinhas vermelhas na Figura 1.

Esses gráficos podem ser gerados para tabelas de dados através do comando **boxplot**. Cadaa coluna da tabela é considerada como um conjunto de dados que será usado para construir um **box-plot**. Eventualmente, o parâmetro **column** ajuda a selecionar quais colunas deseja-se criar o **box-plot** correspondente.

Por último, caso deseje-se criar um **box-plot** para cada linha e não para cada coluna, deve-se, primeiro transpor linhas por colunas na tabela com o comando **transpose**.

Prática

```
import pandas as pd
boxplot = dfh.boxplot()
```

Resultados

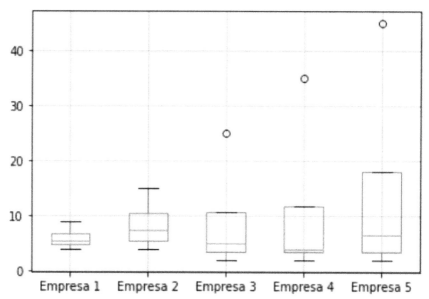

Prática

boxplot = dfh.boxplot(column=['Empresa 2', 'Empresa 4'])

Resultados

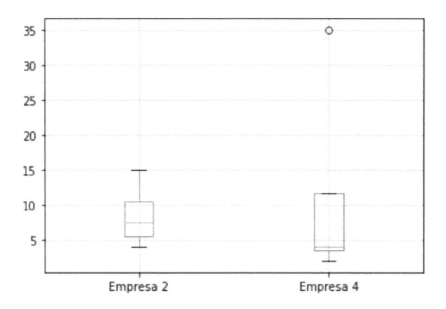

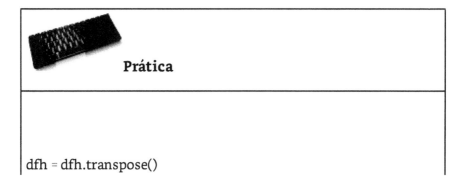

Prática

```
dfh = dfh.transpose()
```

```
boxplot = dfh.boxplot()

dfh = dfh.transpose() # Voltando ao valor antes de aplicar transposta.
```

Resultados

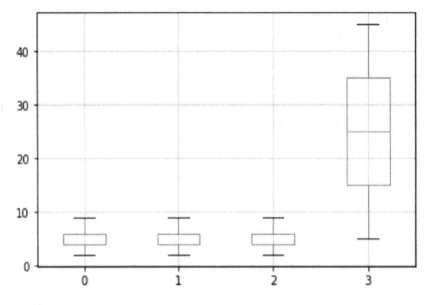

13. Medidas estatísticas

M edidas estatísticas podem ser obtidas. Seguem as medidas e seus respectivos comandos:

1. Média: **mean**

2. Variância: **var**

3. Desvio-padrão: **std**

4. Mediana: **median**

5. Moda: **mode**

6. Máximo: **max**

7. Mínimo: **min**

Prática

 # Para pop. (divisão por N,
 # usa-se ddof = 0 -> N-0).

```
# Para amostral (divisão por N,
# usa-se ddof = 1 -> N-1).
variancia = dfh.loc[:,'Empresa 1'].var(ddof=0)
desviop  = dfh.loc[:,'Empresa 1'].std(ddof=0)
media    = dfh.loc[:,'Empresa 1'].mean()
mediana  = dfh.loc[:,'Empresa 1'].median()
moda     = dfh.loc[:,'Empresa 1'].mode()
maximo   = dfh.loc[:,'Empresa 1'].max()
minimo   = dfh.loc[:,'Empresa 1'].min()
amplitude = maximo - minimo
print('-----------------------------')
print('Estatísticas da Empresa 1')
print('-----------------------------')
print('Media        = '+str(media))
print('Mediana      = '+str(mediana))
print('Moda         = '+str(moda))
print('Variancia    = '+str(variancia))
print('Desvio-padrão = '+str(desviop))
print('Máximo       = '+str(maximo))
print('Mínimo       = '+str(minimo))
print('Amplitude    = '+str(amplitude))
print('-----------------------------')
```

Resultados

```
-----------------------------
Estatísticas da Empresa 1
-----------------------------
Media     = 6.0
Mediana   = 5.5
Moda      = 0   4
1   5
2   6
```

```
3   9
dtype: int64
Variancia   = 3.5
Desvio-padrão = 1.8708286933869707
Máximo     = 9
Mínimo     = 4
Amplitude   = 5
-----------------------------
```

14. Resumo desta seção

• Tabela de dados ou **data frame** é um tipo de dados mutável, com ordenação e com indexação. Seus principais elementos são **index** (para as linhas), **columns** (para as colunas) e **data** (para os dados) relacionados à organização dos dados em uma tabela.

• Uma tabela de dados pode ser criada a partir de listas ou de um dicionário:

```
df = pd.DataFrame(data=[[7,20],[4,9]], index=[0,1], columns=['F','C'])
df2 = pd.DataFrame({'Favor': [15, 4], 'Contra': [45, 36]})
```

• Os comandos **loc** e **iloc** são importantes localização de dados na tabela. O primeiro utiliza ordenação e o segundo usa indexação dos dados:

```
df.loc['M','C']
df.iloc[0,0]
```

• Múltiplos elementos podem ser acessados a partir de **loc** e **iloc**:

```
df.loc[:,['F','C']]
df.iloc[0:1,[0, 1]]
```

• Soma de valores por linhas: df.sum(axis=1) ou por colunas: df.sum(axis=0)

• Duas tabelas de dados podem ser concatenadas com o comando **concat**. Exemplo: df = pd.concat([df,df2])

• O tamanho de uma tabela pode ser obtido com o comando **shape**: df.shape

• Dados duplicados podem ser eliminados com **drop_duplicates**:

```
df.drop_duplicates(inplace=True)
```

• Parte dos dados podem ser selecionados com:

```
df[df > 4]
```

```
df[df['F'] > 4]
```

• Uma tabela podem ser exibida como um html:

```
display(HTML(df.to_html()))
```

• Algumas linhas da tabela (até o índice 3) podem ser exibidas como uma de cores ('viridis'):

```
df.loc[:4].style.background_gradient(cmap='viridis')
```

• Ou ainda conjugar desenhos de barras dentro da tabela:

```
df.style.bar(subset=['F',        'C'],        align='mid',
color=['#d65f5f', '#5fba7d'])
```

• Um gráfico de box-plot pode ser gerado a partir dos dados da tabela:

```
boxplot = df.boxplot()
```

• Medidas estatísticas podem ser extraídas dos dados contidos na tabela:

```
variancia = df.loc[:,'F'].var(ddof=0)

desviop = df.loc[:,'C'].std(ddof=0)

media = df.loc[:,'F'].mean()
```

CAPÍTULO 5: ESTRUTURAS CONDICIONAIS DE CONTROLE DE FLUXO – IF/ELIF/ELSE

Playlist das vídeo-aulas com as explicações dos códigos deste Capítulo

https://bit.ly/2Mlk3eJ

1. Tipos lógicos

Existe um tipo básico que pode assumir apenas dois valores: 'True' ou 'False'. Esse tipo pode aparecer como resultado da avaliação de um sentença lógica. Exemplos de sentença lógica são:

1. Verificar se o valor contido em x1 é maior que o valor contido em x2: **(x1 > x2)**;

2. Verificar se o valor contido em x1 é menor que o valor contido em x2: **(x1 < x2)**;

3. Verificar se o valor contido em x1 é maior ou igual que o valor contido em x2: **(x1 >= x2)**;

4. Verificar se o valor contido em x1 é maior ou igual que o valor contido em x2: **(x1 >= x2)**;

5. Verificar se o valor contido em x1 é igual ao valor contido em x2: **(x1 == x2)**;

6. Verificar se o valor contido em x1 é diferente do valor contido em x2: **(x1 != x2)**;

Prática

x1 = 1

```
x2 = 2
print("x1 > x2: " +str(x1 > x2))
print("x1 < x2: " +str(x1 < x2))
print("x1 == x2: " +str(x1 == x2))
print("x1 != x2: " +str(x1 != x2))
```

Resultados

```
x1 > x2: False
x1 < x2: True
x1 == x2: False
x1 != x2: True
```

2. Utilizando tipos lógicos para controlar o fluxo do programa

A avaliação de expressões lógicas é útil para permitir que um programa de computador seja capaz de tomar ações diferentes de acordo com o valor contido em uma variável.

Por exemplo, imagine que uma **variável mede a temperatura de um ambiente** e que o **ar-condicionado** deverá ser **ligado** ou **desligado** de acordo com o valor obtido.

O **primeiro passo** para realizar um programa que faça um controle adequado é utilizar a **avaliação de expressões lógicas**.

O **segundo passo** é utilizar um **comando** que **modifica** o **fluxo** de execução das **instruções** a serem realizadas a partir do resultado da **avaliação** da expressão **lógica**. Esse comando é o comando **if**. O comando **if** segue a seguinte estrutura:

---

if(expressao_logica):

•   comando1

•   comando2

Importante: ressaltar que após a expressão lógica deverá haver o símbolo ':'. Além disso, os comandos após o **if** deverão ter um recuo para indicar que só serão executados caso a expressão lógica seja verdadeira, isto é, estão no escopo do comando **if**.

Prática

temperatura = 30

```
# Obtendo o resultado do teste lógico e armazenando na variável teste.
teste = (temperatura > 25)
if(teste == True):
 print('1: Ligar o ar-condicionado')

# Forma mais compacta de avaliação da expressão lógica.
if(temperatura > 25):
 print('2: Ligar o ar-condicionado')
```

**Resultados**

1: Ligar o ar-condicionado
2: Ligar o ar-condicionado

3. Utilizando os comandos if e else

O comando if sempre supõe a execução dos comandos subsequentes dentro do seu escopo caso a expressão lógica seja verdadeira. Para o caso no qual a expressão lógica é falsa, e deseja-se executar outros comandos, usa-se o comando else. Um exemplo de estrutura é dado por:

---

if (expressao_logica):

- comando1
- comando2

else: #subentende-se que a expressão lógica avaliada pelo if é falsa

- comando3
- comando4

Prática

temperatura = 30

if (temperatura > 25):

```
 print("1: Ar-condicionado ligado")
 temperatura = 20
else:
 print("1: Temperatura = " + str(temperatura))
 print("1: Ar-condicionado desligado")

if (temperatura > 25):
 print("2: Ar-condicionado ligado")
 temperatura = 20
else:
 print("2: Temperatura = " + str(temperatura))
 print("2: Ar-condicionado desligado")
```

**Resultados**

1: Ar-condicionado ligado
2: Temperatura = 20
2: Ar-condicionado desligado

4. If-else encadeados: Elif

A partir de uma **expressão lógica** podem ocorrer **múltiplos casos de valores** e para cada um, uma ação diferente pode ser necessária. Por exemplo, seja o exemplo do ar-condicionado dado anteriormente.

Deseja-se criar uma espécie de controle dependente da temperatura ambiente de acordo com a Tabela 1.

Temperatura	Ação
20	desligar
25	ligar potência fraca
30	ligar na potência máxima

Tabela 1: Resumo temperaturas e ações.

O comando **elif** funciona de modo a eliminar a necessidade de **if-else** aninhados. Por exemplo, o código dado por:

```
if (cond1):

else:

    if (cond2):

    else:
```

Pode ser trocado por:

```
if (cond1):

elif (cond2):
```

```
else:
```

Prática

```
temp = 20
if (temp <= 20):
  acao = "desligar"
elif (temp <= 25):
  acao = "ligar na potência fraca"
else:
  acao = "ligar na potência máxima"

print(acao)
```

Resultados

```
desligar
```

5. Combinando entrada de dados com if-else

O s comandos **if-else** podem ser **combinados** com o comando de **leitura de dados input** gerando programas que exibem comportamentos diferentes e de acordo com o dado fornecido.

Como exemplo, execute o programa dado a seguir fornecendo os seguintes valores de temperatura: 20, 25 e 30.

Prática

```
temp = input("Entre com a temperatura: ")
temp = float(temp)
if(temp <= 20):
 acao = "desligar"
elif(temp <= 25):
 acao = "ligar na potência fraca"
else:
 acao = "ligar na potência máxima"

print(acao)
```

Resultados

```
Entre com a temperatura: 30
ligar na potência máxima
```

6. Combinando condições lógicas

É possível combinar duas ou mais condições lógicas através dos conectivos lógicos and e or que evitam o aninhamento de comandos if-else. Por exemplo, seja condição1 e (and) condição2, então, ação 1.

- Usando apenas **ifs** aninhados:

if (condição1):

    if (condição2):

        ação 1

- Usando **if** e **and**:

if (condição1 **and** condição2):

    ação 1

O mesmo pode ser realizado com o conectivo lógico **or**. Deve ser observado, porém, os resultados da aplicação dos conectivos é diferente para cada um. As tabelas 2 e 3 fornecem os resultados para os conectivos **and** e **or**, respectivamente.

Condição 1	Condição 2	C1 AND C2
True	True	True
True	False	False
False	True	False
False	False	False

Tabela 2: AND.

Condição 1	Condição 2	C1 AND C2
True	True	True
True	False	True
False	True	True
False	False	False

Tabela 3: OR.

O programa a seguir busca seguir um procedimento que combina o uso de temperatura e umidade em um ambiente para saber se é necessário ligar, e em qual potência, os aparelhos de ar-condicionado e umidificador de acordo com a Tabela 4.

Temperatura	Umidade	Ação
<= 20	<= 20	Ligar umidificador
(20,30)	>= 60	Ligar ar-condicionado leve
30 >=	Qualquer	Ligar ar-condicionado max.

Tabela 4: Temperatura e umidade.

Prática

```
temp = input('Digite a temperatura: ')
temp = float(temp)
umid = input('Digite a umidade: ')
umid = float(umid)
if((temp <= 20)and(umid <= 20)):
 acao = "Ligar umidificador"
elif(((temp > 20)and(temp < 30))and(umid >= 60)):
 acao = "Ligar ar-condicionado leve"
elif(temp >= 30):
 acao = "Ligar ar-condicionado max."
```

```
else:
 acao = "Nenhum ação definida"
mensagem = "Temperatura = %4.2f e Umidade = %4.2f - Ação: %s"
% (temp,umid,acao)
print(mensagem)
```

**Resultados**

Digite a temperatura: 21
Digite a umidade: 40
Temperatura = 21.00 e Umidade = 40.00 - Ação: Nenhum ação definida

7. Mini-projeto: Calcule seu imposto de renda com if-else e dicionários

Fonte: https://blog.convenia.com.br/como-calcular-irrf-na-folha-de-pagamento/

Tabela de IRRF:

Conhecendo a base real do imposto, pode-se identificar a faixa de percentual em que o funcionário se encaixa. As faixas atualizadas são:

• até R$ 1.903,98: isenção;
• 1ª faixa: 7,5% para bases de R$ 1.903,99 a R$ 2.826,65;
• 2ª faixa: 15% para bases de R$ 2.826,66 a R$ 3.751,05;
• 3ª faixa: 22,5% para bases de R$ 3.751,06 a R$ 4.664,68;
• 4ª faixa: 27,5% para bases a partir de R$ 4.664,69.

Após verificar o imposto de acordo com a alíquota da sua base de cálculo, é deduzido um valor padrão, o que permite obter o valor final do imposto. Cada faixa de tributação tem uma dedução definida, da seguinte forma:

• 1ª faixa: R$ 142,80;
• 2ª faixa: R$ 354,80;
• 3ª faixa: R$ 636,13;
• 4ª faixa: R$ 869,36.

Abaixo é mostrada a contabilização do imposto no caso de um exemplo:

• R$ 2.250,41 x 7,5% = R$ 168,78;
• R$ 168,78 – R$ 142,80 = R$ 25,98 de IR a ser retido na fonte.

Crie um programa que dado um salário bruto digitado fornece:

- Salário bruto;

- Faixa de IR (em percentual);

- Imposto de renda a pagar (antes do desconto do valor padrão);

- Valor padrão (de acordo com a faixa de IR);

- Imposto retido na fonte;

- Salário líquido.

Prática

```
salario = input('Digite o salário bruto: ')
salario = float(salario)
```

 # Dicionário faixa -> percentual de desconto.
```
fDesc = {0: 0.0, 1: 7.5, 2: 15.0, 3: 22.5, 4: 27.5}
```

 # Dicionário faixa -> valor padrão.
```
fVPad = {0: 0, 1: 142.80, 2: 354.80, 3: 636.13, 4: 869.36}
```

 # Verificando em qual faixa de imposto se enquadra o salário bruto.
```
if (salario <= 1903.98):
```

```
 faixa = 0
elif (salario >= 1903.99)and(salario <= 2826.65):
 faixa = 1
elif (salario >= 2826.66)and(salario <= 3751.05):
 faixa = 2
elif (salario >= 3751.06)and(salario <= 4664.68):
 faixa = 3
else:   # implícito salario >= 4664.69
 faixa = 4

imposto = salario*(fDesc[faixa]/100)
vpad    = fVPad[faixa]
impagar = imposto - vpad
liquido = salario - impagar

mensagem1 = "Bruto: %10.2f, Faixa: %d, Imposto: %5.2f" % (salario, faixa, imposto)
mensagem2 = "Padrão: %5.2f, Pagar: %5.2f, Liquido: %5.2f" % (vpad, impagar, liquido)
print(mensagem1)
print(mensagem2)
```

 **Resultados**

```
Digite o salário bruto: 7199
Bruto:   7199.00, Faixa: 4, Imposto: 1979.73
Padrão: 869.36, Pagar: 1110.37, Liquido: 6088.64
```

8. Resumo desta Seção

- Tipos lógicos podem ser obtidos a partir da avaliação de expressões lógicas como (x1 > x2);
- Um tipo lógico pode assumir dois valores possíveis: True ou False;
- O comando **if** utiliza resultado de uma expressão lógica para modificar o fluxo de um programa. A instrução subquente ao if deverá ter um recuo indicar que só será executada se a condição lógica associada ao **if** for verdadeira. Diz-se neste caso, a instrução está no escopo do **if**. Exemplo:

if (temperatura > 20):
  print('Ligar');

- O comando **if** pode ser acompanhado de **else**. Se isto ocorrer, o else é sempre executado caso a expressão lógica avaliada no **if** retorne False;
- O comando **elif** pode ser empregado para simplificar a avaliação de expressões lógicas;
- O comando **input** pode ser empregado com **if-elif-else** gerando múltiplos comportamento possíveis para um mesmo programa;
- Os conectores lógicos **and** e **or** podem ser combinados para criar expressões lógicas compostas de duas ou mais condições;
- Dicionários podem ser empregados em conjuntos com **if-elif-else** para facilitar a obtenção de informações relacionadas a uma determinada faixa ou categoria associada ao valor de uma variável.

131

CAPÍTULO 6: ESTRUTURAS DE REPETIÇÃO DE CONTROLE DE FLUXO – WHILE/FOR

Playlist das vídeo-aulas com as explicações dos códigos deste Capítulo

https://bit.ly/3cA6rXn

0. Verificando seu conhecimento

Se conseguir entender o código fornecido abaixo, então, não é necessário estudar os conceitos abordados nesta seção.

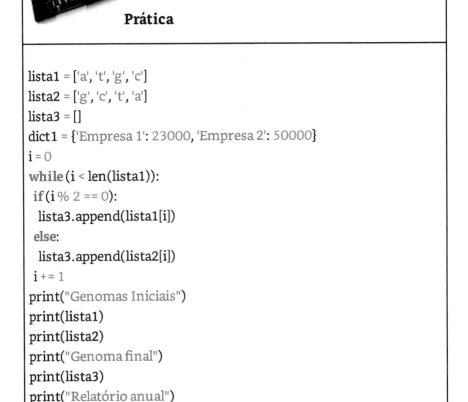

Prática

```
lista1 = ['a', 't', 'g', 'c']
lista2 = ['g', 'c', 't', 'a']
lista3 = []
dict1 = {'Empresa 1': 23000, 'Empresa 2': 50000}
i = 0
while (i < len(lista1)):
 if (i % 2 == 0):
  lista3.append(lista1[i])
 else:
  lista3.append(lista2[i])
 i += 1
print("Genomas Iniciais")
print(lista1)
print(lista2)
print("Genoma final")
print(lista3)
print("Relatório anual")
for i,j in dict1.items():
 print("{0} possui um faturamento de {1:.2f}".format(i, j))
```

Resultados

Genomas Iniciais

['a', 't', 'g', 'c']

['g', 'c', 't', 'a']

Genoma final

['a', 'c', 'g', 'a']

Relatório anual

Empresa 1 possui um faturamento de 23000.00
Empresa 2 possui um faturamento de 50000.00

1. *Evitando repetições com while e for*

Uma das primeiras e mais simples aplicações do comando **while** é **evitar repetições** de comandos. A estrutura do while é parecida com a do if na qual uma expressão lógica deverá ser avaliada. Porém, enquanto no if a avaliação da expressão lógica é realizada uma única vez, e caso seja verdadeira (retorne True), então, os comandos subjacentes serão executados, no **while** os **comandos** serão **executados até que** a **expressão lógica** retorne o valor **falso (False)**.

A estrutura geral desse comando é como segue:

```
expressao_logica = valor_inicial
while (expressao_logica):
comando1
comando2
atualizacao_condicao_logica
```

Importante 1: Assim como no **if**, o espaçamento serve para indicar quais comandos estão subordinado ao comando **while**.

Importante 2: A expressao_logica depois do **while** deve ser sucedida pelo símbolo ':'.

Importante 3: Dentro do while deve haver uma atualização da variável associada à expressão lógica **expressao_logica**. Do contrário, corre-se o risco do **while** não terminar nunca. Isso é chamado de **laço infinito**.

Existe também o comando **for** que se assemelha ao **while** em funcionalidade. Porém, uma diferença fundamental entre os dois comandos em relação ao acesso de variáveis do tipo coleção como **listas** e **dicionários**:

1. No **while** é necessário especificar a indexação do elemento. Por exemplo: lista1[0] ou lista1[1]. Ou seja, para o **while** só é possível percorrer os elementos por meio de seus índices.

2. Com o comando **for** é possível tanto o acesso aos elementos de coleções por meio de indexação (como é feito pelo **while**) quanto por meio de ordenação. Por exemplo: dic1['Chave1'].

São duas possíveis sintaxes gerais do comando **for**:

Sintaxe 1: Acesso por meio de indexação

```
for i in range(0,len(lista1)):
    print(lista1[i])
```

Sintade 2: Acesso por meio de ordenação

```
for i in lista1:
    print(i)
```

Prática

```
i = 1
while i < 6:
    print(i)
    i += 1
```

	Resultados
1	
2	
3	
4	
5	

2. Combinando while com if

O comando **while pode ser combinado com o if** para que um comportamento específico seja realizado para um determinado valor.

Observe que o **comando de atualização (i += 1)** não está **subordinado** ao if ou ao else e sim ao **while**.

Prática

```
i = 1
while i < 10:
 if (i == 2):
  print("["+str(i)+"]")
 else:
  print(i)
 i += 1
```

Resultados

```
1
[2]
3
```

4
5
6
7
8
9

3. Combinando while com if e %

É possível **combinar while com if** para **selecionar** apenas aqueles **casos dentro do laço** que satisfazem uma determinada condição lógica.

No exemplo a seguir o comando **i % n**, que fornece o resto da divisão de um número i por um número n. O comando % combinado com if irá gerar uma condição lógica para imprimir apenas os pares.

Importante: Um **número par** é tal que o **resto da divisão** por **2** é igual a **zero**. Ou seja, para um número par **i** é verdadeira a expressão lógica **(i % 2 == 0)**.

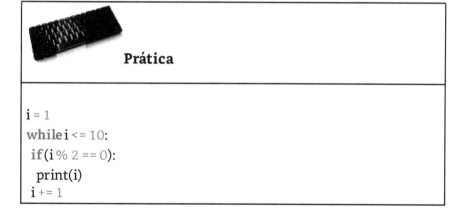

Prática

```
i = 1
while i <= 10:
  if (i % 2 == 0):
    print(i)
  i += 1
```

Resultados

2
4
6
8
10

4. Uma combinação equivalente do while anterior

O comando while anterior pode ser substituído por uma outra codificação alternativa equivalente que só percorre números pares e evita o uso do comando if.

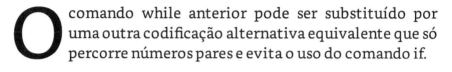

Prática

```
i = 2
while i <= 10:
 print(i)
 i += 2
```

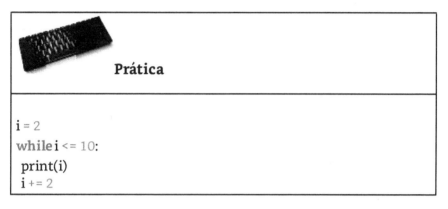

Resultados

```
2
4
6
8
10
```

5. Outra combinação equivalente

O comando **while** pode ser combinado com o comando continue.

O **comando continue** serve para **evitar** que os **comandos subsequentes** dentro de um while sejam **executados** seguindo diretamente para a avaliação da condição lógica.

Deve-se tomar cuidado para que a atualização da condição lógica seja garantida, isto é, esteja fora da possibilidade de ser ignorada pelo comando continue. Do contrário corre-se o risco de se ter um laço infinito.

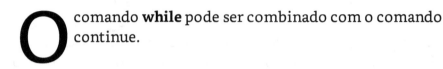 **Prática**

```
i = 0
while i <= 10:
  i += 1
  if(i % 2 == 1):
    continue
  print(i)
```

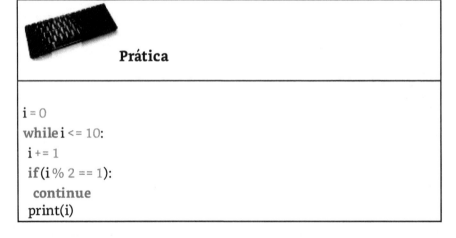 **Resultados**

```
2
4
```

```
6
8
10
```

6. Combinando while com listas

 possível combinar o uso do **while** para percorrer elementos de variáveis de coleções indexadas como **listas**
por exemplo.

 **Prática**

```
lista1 = ['a', 'b', 'c', 'd', 'e']

i = 0

while (i < len(lista1)):      # Enquanto i menor que o tamanho da lista
  elem = "lista1[%i]=%s"%(i,lista1[i])# Cria elemento a ser impresso
  print(elem)           # Imprime o elemento na i-ésima posição
  i=i+1               # Atualização do valor de i
```

 **Resultados**

```
lista1[0]=a
lista1[1]=b
lista1[2]=c
lista1[3]=d
lista1[4]=e
```

7. Busca por um valor específico em uma lista

O comando **while** pode ser usado em conjunto **com** o **if** para **pesquisar os valores de uma lista** até encontrar um valor específico.

Essa busca pode ser interrompida, através do comando break, depois que o valor for encontrado e impresso o número da posição onde está contido o elemento.

Prática

```
lista1 = ['a', 'b', 'c', 'd', 'e']

valor = 'd'
i = 0
while (i < len(lista1)):
 if (lista1[i] == valor):
  print("Elemento encontrado")
  print("Indíce da posicao: "+str(i))
 i += 1
```

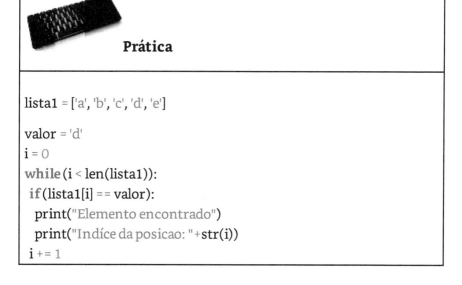

Resultados

```
Elemento encontrado
Indíce da posicao: 3
```

8. Combinando duas listas em uma terceira

Através do while e if é possível combinar duas listas (lista1, lista2) em uma única lista3. Isso deve ser feito de modo que nos elementos de índice par da lista3 são colocados os elementos da lista1 e nos elementos de índice ímpar são colocados os elementos da lista2.

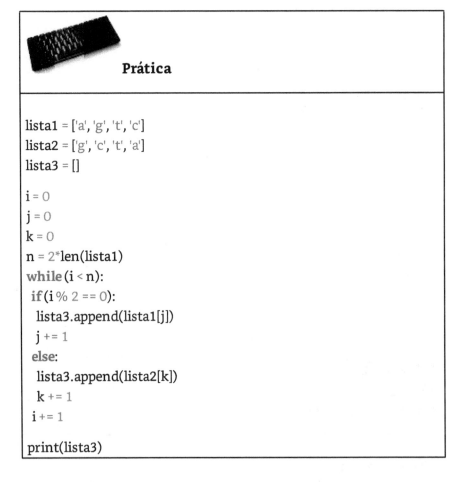

Prática

```
lista1 = ['a', 'g', 't', 'c']
lista2 = ['g', 'c', 't', 'a']
lista3 = []

i = 0
j = 0
k = 0
n = 2*len(lista1)
while (i < n):
 if (i % 2 == 0):
  lista3.append(lista1[j])
  j += 1
 else:
  lista3.append(lista2[k])
  k += 1
 i += 1

print(lista3)
```

**Resultados**

['a', 'g', 'g', 'c', 't', 't', 'c', 'a']

9. Comando *for* para criação de um laço

O comando for pode ser utilizado para acessar os elementos de uma lista ou de um dicionário diretamente através dos valores e não dos índices dos elementos.

Prática

```
lista1 = ['a', 'g', 't', 'c']
print("Lista1")
for i in lista1:
  print(i)
```

Resultados

```
Lista1
a
g
t
```

C

10. Uso do for com ordenação ou com iteração

O comando for pode acessar os elementos de uma lista por ordenação (usando o operador **lista1[i]**) ou por meio de iteradores (usando o operador i in lista1).

Os iteradores são tais que cada elemento sempre possui uma referência ao próximo elemento da variável em questão.

Prática

```
lista1 = ['a', 'b', 'c', 'd', 'e']

print("Impressão por ordenação")
for i in range(0,len(lista1)):
 print(lista1[i])

print("Impressão por iteração")
for i in lista1:
 print(i)
```

Resultados

Impressão por ordenação
a
b

```
c
d
e
Impressão por iteração
a
b
c
d
e
```

11. Concatenando elementos de listas com pares de índices

Elementos de **duas listas** podem ser **percorridos simultaneamente** através da criação de **dois índices** que percorrem sincronizadamente as listas. Para tanto, basta usar o comando **for** e **in** com o comando zip na seguinte sintaxe geral:

> **for** i,j **in zip**(lis1, lis2)

Prática

```
lista1 = ['a', 'g', 't', 'c']
lista2 = ['g', 'c', 't', 'a']
lista3 = []

for i,j in zip(lista1,lista2):
 lista3.append(i)
 lista3.append(j)
```

Resultados

```
print(lista3)

['a', 'g', 'g', 'c', 't', 't', 'c', 'a']
```

12. Percorrendo elementos de dicionários com for

O s dicionários não possuem ordenação, mas possuem indexação, isto torna mais adequado o acesso aos seus elementos através da sintaxe do comando for.

É importante lembrar que em um **dicionário** os dados são organizados em **pares (key, value)**. A palavra keys() retorna uma lista com todas as chaves do dicionário e values retorna um lista com todos os valores do dicionário.

Prática

faturamento = {"Empresa 1": 200500, "Empresa 2": 345600}

print("Lista de empresas")
for key in faturamento.keys():
  print("{}".format(key))

print("Lista de faturamentos")
for value in faturamento.values():
  print("{}".format(value))

Resultados

Lista de empresas
Empresa 1
Empresa 2

Lista de faturamentos
200500
345600

13. Combinando *for* e *if* para percorrer um dicionário e mostrando valores com *format*

É possível também **combinar** o **comando for** com o **comando if** para verificar se uma condição específica é atendida.

Observar também que o **comando format** permite a impressão de múltiplos valores.

É possível especificar a ordem de impressão de cada valor.

Por exemplo, {0} indica que no espaço apontado pelo símbolo "{}" deverá ser impresso o primeiro elemento listado nos valores entre parêntesis após o comando format.

Além disso, se for utilizado {1:.2f} significa que o segundo elemento listado (índice 1) deverá ser impresso como um número real (f) e com uma precisão de duas casas decimais (.2).

 **Prática**

---

faturamento = {"Empresa 1": 200500, "Empresa 2": 345600}

print("Relatório anual")
for key, value in faturamento.items():
  print("{0} possui um faturamento de {1:.2f}".format(key, value))

```
if (value > 300000):
    print("{} atende critério de seleção".format(key))
```

**Resultados**

Relatório anual

Empresa 1 possui um faturamento de 200500.00

Empresa 2 possui um faturamento de 345600.00

Empresa 2 atende critério de seleção

14. Resumo da seção

1. Os comandos **while** e **for** são comandos para evitar repetições. Isto é particularmente útil para acesso, modificação e impressão de elementos de coleções como **listas** e **dicionários**.

2. Para o comando **while** é necessário especificar o índice a ser acessado de modo que este fica restrito à manipulação de dados de coleções por meio do uso de **indexação**.

3. Um exemplo de sintaxe do **while** é:

```
lista1 = ['a', 'b', 'c', 'd']
i = 0
while i < len(lista1):
   print(lista1[i])
i += 1
```

4. Os comandos **if**, **break** e **continue** podem ser empregados para modificar a forma com o **while** pode ser executado. Para o **if** se um dada condição for verdadeira, então, uma ação correspondente será executada dentro do **while**. Essa ação pode ser a interrupção do laço com o comando **break**, ou simplesmente seguir diretamente para a avaliação da condição lógica com o comando **continue**.

5. Para o comando **for** tanto o índice como a ordenação podem ser especificados para acesso aos dados contidos em uma coleção. Ou seja, tanto a **indexação** ou **ordenação** podem ser empregadas para acesso e manipulação de dados.

6. Dois exemplos de sintaxe do **for** são:

```
lista1 = ['a', 'b', 'c', 'd', 'e']
print("Impressão por indexação")
for i in range(0,len(lista1)):
   print(lista1[i])
```

```
print("Impressão por ordenação")
for i in lista1:
  print(i)
```

7. Duas listas podem ser acessadas de modo simultâneo e sincronizado através do comando **zip**.

```
for i,j in zip(lista1,lista2):
  lista3.append(i)
  lista3.append(j)
```

8. O comando **for** pode ser utilizado para percorrer tanto as chaves quanto os valores de um dicionário simultanea e sincronizadamente. Além disso, o fomando **format** pode auxiliar na organização da impressão dos valores indicando a ordem (**{0}** - impressão do primeiro elemento) quanto da formatação (**.2f** - impressão de número real com duas casas decimais).

```
for key, value in faturamento.items():
  print("{0} possui um faturamento de {1:.2f}".format(key, value))
```

CAPÍTULO 7: CRIANDO SUAS PRÓPRIAS FUNÇÕES - DEF

Playlist das vídeo-aulas com as explicações dos códigos deste Capítulo

https://bit.ly/3oJU5yk

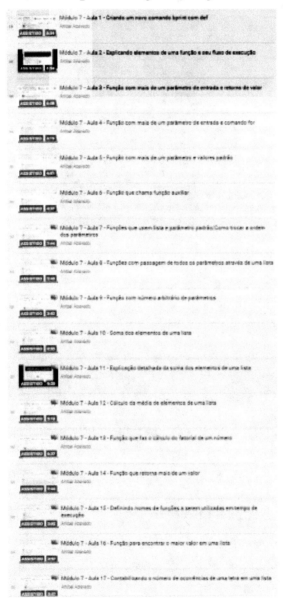

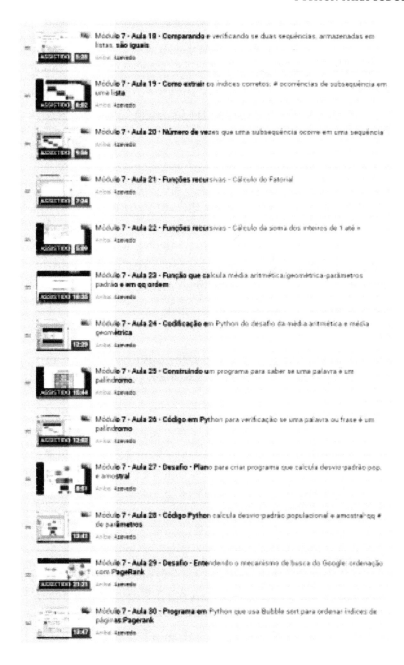

Módulo 7 · Aula 18 · Comparando e verificando se duas sequências armazenadas em listas são iguais
Aníbal Azevedo

Módulo 7 · Aula 19 · Como extrair os índices corretos: # ocorrências de subsequência em uma lista
Aníbal Azevedo

Módulo 7 · Aula 20 · Número de vezes que uma subsequência ocorre em uma sequência
Aníbal Azevedo

Módulo 7 · Aula 21 · Funções recursivas - Cálculo do Fatorial
Aníbal Azevedo

Módulo 7 · Aula 22 · Funções recursivas - Cálculo da soma dos inteiros de 1 até n
Aníbal Azevedo

Módulo 7 · Aula 23 · Função que calcula média aritmética/geométrica-parâmetros padrão e em qq ordem
Aníbal Azevedo

Módulo 7 · Aula 24 · Codificação em Python do desafio da média aritmética e média geométrica
Aníbal Azevedo

Módulo 7 · Aula 25 · Construindo um programa para saber se uma palavra é um palíndromo.
Aníbal Azevedo

Módulo 7 · Aula 26 · Código em Python para verificação se uma palavra ou frase é um palíndromo
Aníbal Azevedo

Módulo 7 · Aula 27 · Desafio · Plano para criar programa que calcula desvio-padrão pop. e amostral
Aníbal Azevedo

Módulo 7 · Aula 28 · Código Python calcula desvio-padrão populacional e amostral-qq # de parâmetros
Aníbal Azevedo

Módulo 7 · Aula 29 · Desafio · Entendendo o mecanismo de busca do Google: ordenação com PageRank
Aníbal Azevedo

Módulo 7 · Aula 30 · Programa em Python que usa Bubble sort para ordenar índices de páginas/Pagerank
Aníbal Azevedo

1. Uma breve visão sobre funções

O Python permite que um conjunto de instruções sejam agrupadas sob o nome de uma função. Na prática isso permite a criação de novos comandos.

Um primeiro propósito para isso é facilitar a manutenção e a legibilidade do seu código de um programa. Isto porque ao invés de repetir as mesmas instruções ao longo de um programa você pode chamar uma função que contém um bloco de instruções. Depois, se for necessário realizar alguma correção ou alteração para as instruções, então, bastará modificar um único lugar: o conteúdo da função.

Para tanto a palavra reservada **def** deverá ser usada seguido do nome da função. A estrutura geral será dada por:

```
def nome_funcao(parametros_entrada):
    comando1
    comando2
    return variaveis_saida
```

Para que a função criada seja acionada pelo programa basta utilizar o seu nome com os parâmetros corretos (isto é, os valores com tipos e ordem corretos) entre parêntesis, logo após a definição da função e fora do **escopo da função**, isto é, o código logo após a função que não tem espaçamento regular.

Importante 1: a linha da função que contém o nome da função e os parâmetros de entrada é chamada de **cabeçalho da função**.

Importante 2: observar que as funções podem ter ou não parâmetros de entrada e parâmetros de saída como será observado nos exemplos dados a seguir.

Importante 3: Logo depois do nome da função e seus parâmetros entre parêntesis deve vir o símbolo ':'.

Importante 4: os comandos subjacentes à função devem ter um espaçamento regular em relação à margem da tela para indicar que só serão executados caso o nome da função seja digitado. O espaçamento regular é chamado de **indentação** e ao se digitar o nome da função para a que a mesma seja executada é denominado de **chamada à função**.

Importante 5: embora os **tipos dos parâmetros de entrada e saída não sejam especificados** é importante que ao se chamar a função os valores passados para esses parâmetros sejam **compatíveis com as instruções** a serem realizadas na **função**.

Importante 6: para facilitar a leitura do seu código, em geral, as novas **funções criadas** são **definidas antes** do **código** que irá **executá-las**.

Importante 7: o fluxo de execução do programa segue os seguintes passos:

1. Leitura das instruções fora do **escopo da função**;
2. O nome da função é encontrado e o fluxo de execução do programa é desviado para o conjunto de comandos subjacentes à função;

3. Os comandos contidos na função são executados até que o final da função, isto é, o primeiro comando sem a indentação, seja encontrado ou o comando **return**;

4. O fluxo de execução retorna ao ponto onde o nome da função foi encontrado;

5. Os demais comandos subsequentes no código fora do escopo da função são acionados na sequência em que são dados de cima para baixo;

6. A última instrução é executada e o programa é finalizado.

Um exemplo que ilustra os pontos anteriores é dado por:

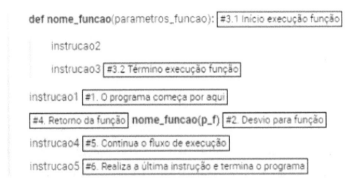

A seguir é dada uma função que cria uma nova forma de imprimir o conteúdo de variáveis a partir do comando **print** tal que toda mensagem será cercada por um caractere especial para decoração '-'.

Prática

```python
def bprint(mens):
    print('----------------')
    print(mens)
    print('----------------')

mens = input('Digite uma mensagem:')
bprint(mens)
```

Resultados

```
Digite uma mensagem:leia
----------------
leia
----------------
```

2. Utilizando mais de um parâmetro e retorno de valores

Em princípio funções podem ter quantos parâmetros forem necessários para a passagem de informações a serem utilizadas nas instruções contidas nelas.

Além disso, é possível que as funções retornem resultados de operações realizadas internamente.

A função dada a seguir, **somaStr(x,y)**, calcula a soma de dois números x e y no formato tipo **str**, e retorna o resultado em uma variável z tipo **str**. Durante o processo é necessário converter as variáveis x e y de tipo **str** para tipo **float**, realizar a operação de aritmética e retornar o resultado **float** convertido para tipo **str**.

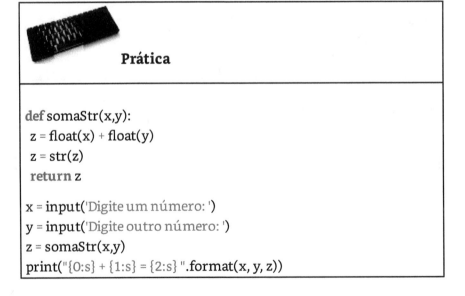

Prática

```
def somaStr(x,y):
  z = float(x) + float(y)
  z = str(z)
  return z

x = input('Digite um número: ')
y = input('Digite outro número: ')
z = somaStr(x,y)
print("{0:s} + {1:s} = {2:s} ".format(x, y, z))
```

**Resultados**

Digite um número: 3.3
Digite outro número: 4.4
3.3 + 4.4 = 7.7

3. Utilizando mais de um parâmetro

As **funções podem ter mais de um parâmetro de entrada** e cada um pode ser de um tipo diferente. A função a seguir melhora a função **bprint** para que esta seja capaz de não só imprimir qualquer mensagem com uma decoração, mas também ser possível imprimir qualquer símbolo para a decoração de modo que bprint terá o seguinte cabeçalho **bprint(men, simb)**.

Importante frisar que está ímplicito que o tipo da variável **men** é **str** e o tipo da variável **simb** também é **str**.

Além disso, para a decoração ser impressa com o caractere contido na variável **simb** sem que haja um caractere por linha foi utilizado o comando **print(simb, end = ")**. Esse comando imprime apenas o símbolo contido em **simb** sem que uma nova linha seja adicionada na tela.

Para que o símbolo contido em **simb** fosse impresso 10 vezes utilizou um comando **for** que irá executar a **10** vezes a instrução correspondente de impressão. Depois do comando de impressão, para que haja uma nova linha é utilizado um comando **print(")**.

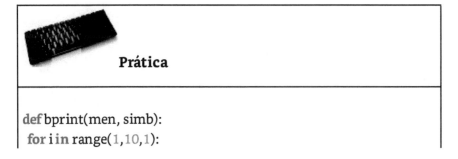

Prática

```
def bprint(men, simb):
 for i in range(1,10,1):
```

```
 print(simb, end = '')
print('')
print(men)
for i in range(1,10,1):
 print(simb, end = '')
print('')


m = 'Mensagem'
s  = '*'

bprint(m,s)
```

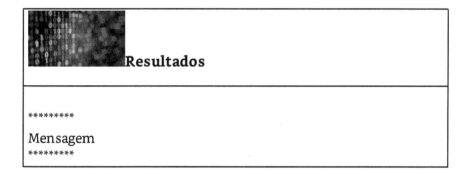

Resultados

```
*********
Mensagem
*********
```

4. Utilizando mais de um parâmetro e valores padrão

A função **bprint** do programa anterior pode ser melhorada de duas formas:

1. Um terceiro parâmetro, do tipo **int**, pode ser utilizado para definir o número de vezes que um caractere especial para decoração da mensagem deverá ser empregado.

2. São estabelecidos valores padrão para os parâmetros de entrada. Eles serão utilizados caso valores não sejam fornecidos pelo usuário.

A nova função **bprint** terá o seguinte cabeçalho: **bprint(men,simb='-', n = 10)** indicando que os valores padrão para a variável **simb** e **n** terão como valor padrão o símbolo **'-'** e **10**, respectivamente. Os tipos implícitos para os parâmetros **simb** e **n** são **str** e **int**, respectivamente.

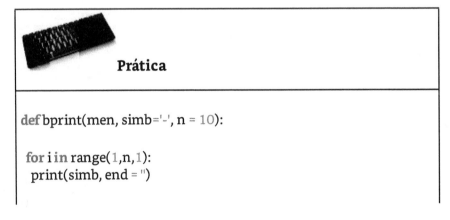

Prática

```
def bprint(men, simb='-', n = 10):

    for i in range(1,n,1):
        print(simb, end = '')
```

```python
    print('')
    print(men)

    for i in range(1,n,1):
        print(simb, end = '')

    print('') m = 'Mensagem'


s = '*'
n = 5
bprint(m)
bprint(m,s)
bprint(m,s,n = 20)
```

Resultados

```
---------
Mensagem
---------
*********
Mensagem
*********
*******************
Mensagem
*******************
```

5. Funções que chamam funções

A função **bprint** do programa anterior pode ser melhorada, bastando eliminar a duplicidade de linhas de código associada a impressão do caractere especial contido na **variável simb**.

Em particular a duplicidade está contida nas seguintes linhas de código:

```
for i in range(1,n,1):
    print(simb, end = ' ')

print(' ')
```

Essas linhas de código poderão ser trocadas por uma função **sprint** cujos parâmetros de entrada serão **simb** e **n**. Deseja-se que a saída dessa nova função **sprint** seja a impressão **n** vezes da variável **simb** do tipo **str**.

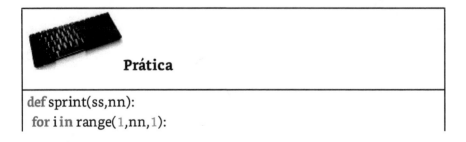

Prática

```
def sprint(ss,nn):
    for i in range(1,nn,1):
```

```
  print(ss, end = '')
 print('')

def bprint(men, simb='-', n = 10):
 sprint(simb,n)
 print(men)
 sprint(simb,n)


m = 'Mensagem'
s  = '*'
n  = 5

bprint(m)
bprint(m,s)
bprint(m,s,n = 20)
```

Resultados

```
---------
Mensagem
---------
*********
Mensagem
*********
********************
Mensagem
********************
```

6. Chamadas de funções com palavras-chave e passando listas como parâmetro de uma função

É possível criar funções cuja ordem dos parâmetros não é a mesma daquela que é declarada no cabeçalho da função.

Para tanto, é necessário utilizar na chamada da função os mesmos nomes dos parâmetros de entrada que foram declarados no cabeçalho dela.

Além disso, é possível passar variáveis do tipo lista como parâmetro de entrada de uma função e essa modificação será realizada para usar uma lista para a passagem de dois parâmetros de tipos diferentes. O parâmetro do tipo lista também pode ter um valor padrão.

Modificar a função **bprint** para ter dois parâmetros:

1. men: armazena a mensagem a ser impressa;

2. listapar: lista que contém os parâmetros de **símbolo** (primeiro elemento) e **número** de vezes que o símbolo será impresso (segundo elemento).

Prática

```python
def sprint(ss,nn):
 for i in range(1,nn,1):
  print(ss, end = '')
 print('')

def bprint(men, listapar=['-', 10]):
 simb = listapar[0]
 n   = listapar[1]
 sprint(simb,n)
 print(men)
 sprint(simb,n)


m = 'Mensagem'
lista = ['*', 20]

bprint(men = m)
bprint(men = m,listapar=lista)
```

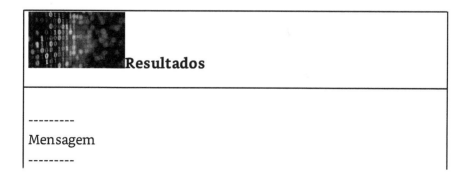

Resultados

```
---------
Mensagem
---------
```

ANIBAL AZEVEDO

****

Mensagem
****

7. Passando todos os parâmetros como uma lista

A função bprint descrita na seção anterior pode ter todos os seus **parâmetros passados através de uma única lista**.

Nesse caso, a ordem com que os valores são passados dentro da lista para a função é importante.

Para a recuperação dos valores contidos na lista deverá ser empregado o operador **[i]** para acessar o (i-ésimo + 1) elemento da lista.

Prática

```
def sprint(ss,nn):
```

```
 for i in range(1,nn,1):
  print(ss, end = ")
 print(")


def bprint(listapar=['padrão', '-', 10]):
 men  = listapar[0]
 simb = listapar[1]
 n    = listapar[2]
 sprint(simb,n)
 print(men)
 sprint(simb,n)


m = 'Mensagem'
lista = ['*', 20]
lista.insert(0,m)
bprint(lista)
```

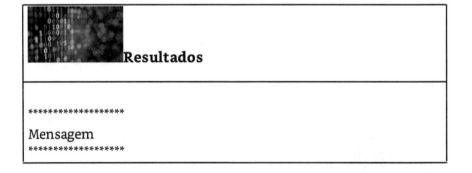

Resultados

```
*******************
Mensagem
*******************
```

8. Passagem de um número arbitrário de parâmetros

É possível criar funções cuja ordem dos parâmetros não é a mesma daquela que é declarada no cabeçalho da função. Além disso, não é necessário enumerar a priori o número de parâmetros no cabeçalho da função, bastando utilizar o comando **nome_parametros como parâmetro de entrada. Porém, é importante utilizar no momento da chamada de função os mesmos nomes dos parâmetros de entrada que serem utilizados no escopo da função. A sintaxe da chamada da função será dada por:

```
nome_funcao(p1 = valor1, p2 = valor2)**
```

Já o cabeçalho da função será dado por:

```
def nome_funcao(**parametros):
```

Por último, a instrução que faz uso dos parâmetros utiliza a recuperação de valores por meio dos nomes usados na chamada da função como indexadores da variável declarada no cabeçalho como dado a seguir:

```
parametros["p1"] # recuperação do valor1 contido na variável p1

parametros["p2"] # recuperação do valor2 contido na variável p2
```

A função **embaralha** dada a seguir realiza o embaralhamento de uma mensagem utilizado o conceito anteriormente enunciado.

Prática

```
def embaralha(**men):
 print(men["p2"] + men["p1"] + men["p3"])

embaralha(p1 = "Usar", p2 = "Chave", p3 = "Vermelha")
```

Resultados

ChaveUsarVermelha

9. Calcular a soma dos elementos de uma lista com números

Seja uma lista lista1 tal que ela contém n valores como segue:

$$lista1 = [x_1, x_2, x_3, \cdots, x_n]$$

Deseja-se criar uma função para calcular a soma s de n de elementos dessa lista tal como dado pela seguinte equação:

$$s = \sum_{i=1}^{n} x_i = x_1 + x_2 + \cdots + x_n$$

Prática

```
def soma_lista(lista1):
  soma = 0
  for xi in lista1:
    soma = soma + xi
  return soma

lista1 = [2, -6, 7, 8]
print(lista1)
print("Soma dos elementos de lista1 = {0:.2f}".format(soma_lista(lista1)))
```

Resultados

[2, -6, 7, 8]

Soma dos elementos de lista1 = 11.00

10. Cálculo da média de valores em uma lista

Seja uma lista lista1 tal que ela contém n valores como segue:

$$lista1 = [x_1, x_2, x_3, \cdots, x_n]$$

Deseja-se criar uma função para calcular a média μ dos n valores contidos na **lista1** tal como dado pela seguinte equação:

$$\mu = \frac{1}{n} \sum_{i=1}^{n} x_i$$

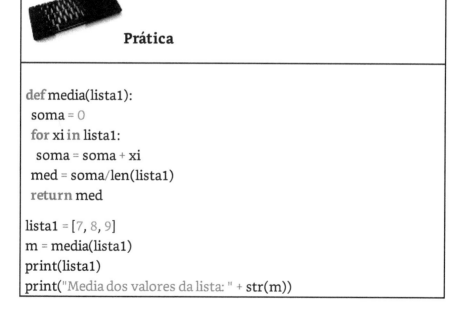

Prática

```python
def media(lista1):
 soma = 0
 for xi in lista1:
  soma = soma + xi
 med = soma/len(lista1)
 return med

lista1 = [7, 8, 9]
m = media(lista1)
print(lista1)
print("Media dos valores da lista: " + str(m))
```

**Resultados**

[7, 8, 9]
Media dos valores da lista: 8.0

11. Cálculo do fatorial de um número

O fatorial de um número inteiro n é representado pelo símbolo n! e pode ser calculado pela seguinte equação:

$$n! = \prod_{i=1}^{n} i = 1 \times 2 \times \cdots \times n$$

Além disso, por definição, $0! = 0$ e uma definição recursiva útil do fatorial é: $n! = n \times (n-1)!$

O programa a seguir fornece uma função que calcula o fatorial de um número inteiro n não-negativo.

Prática

```python
def fatorial(n):
 prod = 1
 for i in range(1,n,1):
  prod = prod*i
 return prod

a = 0
b = fatorial(a)
print("Fatorial de {0:d} é {1:d} ".format(a,b))

a = 10
b = fatorial(a)
print("Fatorial de {0:d} é {1:d} ".format(a,b))
```

**Resultados**

Fatorial de 0 é 1
Fatorial de 10 é 362880

12. Múltiplos retornos

U ma função pode retornar múltiplos parâmetros de saída. Por exemplo, para retornar 2 valores basta utilizar a sintaxe:

```
return val1, val2
```

Suponha que deseja-se criar uma função que retorna a **soma** e o **produto** de duas variáveis **a** e **b**.

De posse dos resultados **soma** e **produto** para o par (a,b), a ideia é criar uma terceira função **verif_par** que verifica se existe algum par de números inteiros (a,b) para o qual **a + b = a*b**. Isso deverá ser feito todos os valores inteiros de 1 até 9.

Para tanto, a seguintes funções deverão ser criadas:

- **soma_prod** que retorna a **soma** e o **produto** do par (a,b);
- **verif_par** função que testa combinação de valores de 1 até 9 para **a** e para **b** e imprime aqueles para os quais a propriedade **a + b = a*b é válida**. Esta função deverá ter como parâmetro de entrada um valor n que indica até qual dígito será realizado o teste. Para este caso, usa-se **n = 9**.

Importante: O comando **i in range(1,n+1)** fará a variável **i** percorrer valores de **1** até **n**.

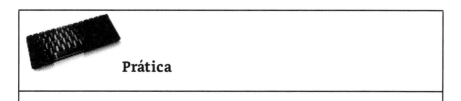

Prática

```
def soma_prod(a, b):
  c = a + b
```

```python
    d = a * b
    return c, d


def verif_par(n):
 for i in range(1,n+1):
  for j in range(1,n+1):
   c,d = soma_prod(i,j)

   if(c == d):
    print("Passou: ({0:d}, {1:d}) ".format(i,j))
    print("Pois: (a+b,a*b)= ({0:d}, {1:d}) ".format(c,d))
    #else:
    # print("Falhou: ({0:d}, {1:d}) ".format(i,j))
n = 9
verif_par(n)
```

Resultados

```
Passou: (2, 2)
Pois: (a+b,a*b)= (4, 4)
```

13. Passando nomes de funções como parâmetros

É possível passar nomes de funções como parâmetros no Python e depois utilizar esses nomes para realizar avaliações das funções.

A sintaxe geral para isso é dada por:

> **f** = **soma**
>
> r = **f**(a,b) # Aqui é feita uma chamada à função **soma** com parâmetros **a** e **b**.

Na função descrita a seguir existem duas operações que podem ser executadas: **soma** e **produto** de dois números **a** e **b**. O número de parâmetros para ambas é igual e dado por **(a,b)**.

Além disso, deseja-se construir uma função na qual o usuário decide em tempo de execução qual função deseja executar. Para obter o nome de uma função o comando **f.__name__** deverá ser utilizado.

O programa a seguir fornece como isso pode ser feito.

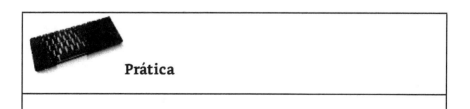

Prática

```python
def soma(a,b):
 return a+b

def prod(a,b):
 return a*b

opt = input('1-soma/2-produto')
opt = int(opt) # Convertendo a string '1' ou '2' em número int 1 ou 2.
a = 3
b = 4

if(opt == 1):
 f = soma
else:
 f = prod

r = f(a,b)
name = f.__name__
print('{0}({1},{2})={3}'.format(name,a,b,r))
```

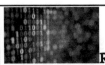 **Resultados**

1-soma/2-produto1
soma(3,4)=7

14. Encontrar o maior valor de uma lista

Seja uma lista lista1 tal que ela contém n valores como segue:

$$lista1 = [x_1, x_2, x_3, \cdots, x_n]$$

Deseja-se criar uma função para obter o maior elemento x_{max} contido na **lista1** tal como dado pela seguinte equação:

$$x_{max} = \max_{i=1,\ldots,n} \{x_i\}$$

Importante: O maior elemento de **lista1** pertence à **lista1**.

Prática

```
def max_lista(lista1):
    # Atribuição provisória e inicial de que o elemento x[0]
    # é o maior até que outro elemento da lista seja maior.
    maior = lista1[0]
```

```
# Analisando todos os elementos e verificando se algum
# é maior lista1[0]. Se for, então, modificar o valor
# da variável maior.
for xi in lista1:
  if (xi > maior):
   maior = xi
return maior

lista1 = [3, -4, -1, 0, 10, 5, 9, 20]


print(lista1)
print("Maior elemento da lista1 é: {0}".format(max_lista(lista1)))
```

**Resultados**

```
[3, -4, -1, 0, 10, 5, 9, 20]
Maior elemento da lista1 é: 20
```

15. Contar número de ocorrências de um elemento em uma lista

Seja uma lista lista1 tal que ela contém n elementos como segue:

$$lista1 = [x_1, x_2, x_3, \cdots, x_n]$$

Dado um elemento $elem$, deseja-se criar uma função para obter o número de ocorrências desse elemento na **lista1**. Para tanto, será necessário:

1. Iniciar uma variável acumuladora $soma$ com o valor zero. Essa variável é responsável por contabilizar o número de ocorrências de $elem$ em $lista1$

2. Percorrer todos os elementos de $lista1$:

    2.1 Comparar cada elemento da lista x_i com $elem$.

    2.2 Se $elem$ é igual a x_i, então, atualizar $soma += 1$

3. Retornar o valor de $soma$

 **Prática**

```
def ocorrencia_lista(lista1,elem):
 soma = 0
 for xi in lista1:
  if (elem == xi):
```

```
    soma += 1
  return soma

l1 = ['g', 't', 'a', 'a', 'c', 't', 'g', 'c']
e = 'a'
print(l1)
soma = ocorrencia_lista(l1,e)
print('Numero de ocorrencias de \'{0:s}\' é: {1:d}'.format(e,soma))
```

**Resultados**

```
['g', 't', 'a', 'a', 'c', 't', 'g', 'c']
Numero de ocorrencias de 'a' é: 2
```

16. Verificar se duas sequências são iguais

Sejam duas sequências seq1 e seq2 tal que ambas contêm n elementos como segue:

$$seq1 = [x_1, x_2, x_3, \cdots, x_n]$$
$$seq2 = [y_1, y_2, y_3, \cdots, y_n]$$

Deseja-se criar uma função para verificar se ambas as sequências são iguais ou não.

A lógica para verificar se duas sequências são iguais é utilizar dois elementos x_i e y_i que utilizam o mesmo índice i e correm sincronizados e em paralelo para ambas as sequências como pode ser visualizado com o seguinte diagrama:

x_1	x_2	x_3	x_4	x_5
[0]	[1]	[2]	[3]	[4]
[i]				
y_1	y_2	y_3	y_4	y_5
[0]	[1]	[2]	[3]	[4]
[i]				

Esse trabalho pode ser facilmente executado com auxílio do seguinte comando x_i, y_i **in zip(seq1,seq2)**.

Se for verificada alguma diferença para algum elemento, então, uma variável auxiliar **status**, que indica se as sequências são iguais ou não e recebe valor inicial **True**, irá receber o valor **False** e o laço será quebrado com o comando **break**.

Prática

```python
def verif_seq(s1,s2):
 status = True
 for xi,yi in zip(s1,s2):
  if (xi != yi):
    status = False
    break
 return status


s1 = ['a', 'g', 't', 'c']
s2 = ['a', 'g', 't', 'c']
s3 = ['a', 'g', 't', 'a']

print(s1)
print(s2)
status = verif_seq(s1,s2)
print('A sequência s1 é igual a sequência s2: {0:b}'.format(status))
print(s1)
print(s3)
status = verif_seq(s1,s3)
print('A sequência s1 é igual a sequência s3: {0:b}'.format(status))
```

 **Resultados**

['a', 'g', 't', 'c']
['a', 'g', 't', 'c']
A sequência s1 é igual a sequência s2: 1
['a', 'g', 't', 'c']
['a', 'g', 't', 'a']
A sequência s1 é igual a sequência s3: 0

17. Verificar o número de ocorrências de uma subsequência em uma sequência

Seja uma sequência s1 tal que ela contém n elementos como segue:

$$s1 = [x_1, x_2, x_3, \cdots, x_n]$$

Seja uma subsequência **s2** com m elementos como segue:

$$s2 = [y_1, y_2, y_3, \cdots, y_m]$$

Deseja-se criar uma função para obter o número de ocorrências da subsequência **s2** em **s1**. Para tanto, será necessário:

1. Iniciar uma variável acumuladora $soma$ com o valor zero. Essa variável é responsável por contabilizar no. de ocorrências de **s2** em **s1**

2. Percorrer todos os elementos de **s1**:

    2.1 A partir do elemento x_i de **s1** gerar uma subsequência **sub1** e comparar cada elemento com cada elemento de **s2**

    2.2 Se **sub1** é igual a **s2**, então, atualizar $soma \mathrel{+}= 1$

3. Retornar o valor de $soma$

Importante 1: Será necessário empregar a função que verifica se duas sequências **sub1** e **s2** são iguais ou não que foi fornecida no exercício anterior.

Importante 2: Para comparar trechos de **s1** com a subquência **s2** é necessário particionar **s1** para gerar **sub1** usando a seguinte indexação **i:i+tam** e o índice i varia de **0** até **len(s1)-len(s2)+1** o que pode ser feito com **range(0,len(s1)-len(s2)+1)**.

O esquema abaixo ilustra o motivo para usar o índice final de **range** como **len(s1)-len(s2)+1**.

x_1	x_2	x_3	x_4	x_5
[0]	[1]	[2]	[3]	[4]
		[i]		
		y_1	y_2	

Observe que o máximo valor de **i** é **3**. Veja que **len(s1)** = **5**, **len(s2)** = **2**. Porém, como o comando **range(1,n)** vai até o valor $n-1$, se fosse usado **len(s1)-len(s2)** = **3** o laço não iria até o índice **3** e sim até **2**. Portanto, faz-se necessário usar o valor **len(s1)-len(s2)+1** = **4** como índice final **n** para o comando **range(1,n)**.

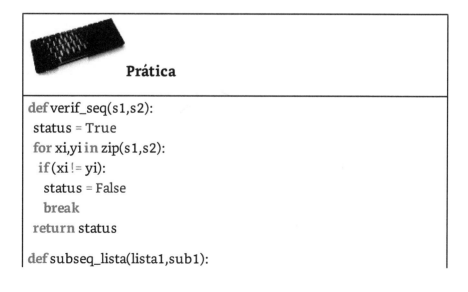

Prática

```
def verif_seq(s1,s2):
 status = True
 for xi,yi in zip(s1,s2):
  if (xi != yi):
   status = False
   break
 return status

def subseq_lista(lista1,sub1):
```

```
 soma = 0
 n  = len(lista1)
 tam = len(sub1)
 for i in range(0,n-tam+1):
  sub2 = lista1[i:i+tam]
  print(sub1)
  print(sub2)
  print('----------')
  if verif_seq(sub1,sub2):  # Chamada à função que verifica se s1 e s2
são iguais
   soma += 1
 return soma

l1 = ['g', 't', 'a', 'a', 'c', 't', 'g', 'c']

e  = ['g', 't']
print(l1)
print('----------')
soma = subseq_lista(l1,e)
print(soma)
#print('Numero de ocorrencias de \'{0:s}\' é: {1:d}'.format(e,soma))
```

 **Resultados**

```
['g', 't', 'a', 'a', 'c', 't', 'g', 'c']
----------
['g', 't']
['g', 't']
----------
['g', 't']
['t', 'a']
----------
['g', 't']
['a', 'a']
----------
['g', 't']
['a', 'c']
----------
['g', 't']
['c', 't']
----------
['g', 't']
['t', 'g']
----------
['g', 't']
['g', 'c']
----------
1
```

18. Funções recursivas

F unções recursivas são funções que chamam a si mesmas para realizar um cálculo ou operação. Para criar uma função recursiva é útil obter a relação de recorrência para o problema a ser resolvido.

Alguns exemplos de problemas e respectivas relações recursivas são fornecidos a seguir:

Problema 1: Cálculo do fatorial

O cálculo do fatorial de um número inteiro **n** pode ser feito utilizado o seguinte equacionamento recursivo:

$n! = n \times (n-1)!$

$0! = 1$

Problema 2: Cálculo da soma de n valores inteiros

O cálculo da soma s_n dos n valores inteiros pode ser obtido através do seguinte equacionamento recursivo:

$s_n = \displaystyle \sum_{i=1}^{n} i = n + \sum_{i=1}^{n-1} i = n + s_{n-1}$

$s_1 = 1$

Problema 3: Cálculo do i-ésimo termo da sequência de Fibonacci

O cálculo do i-ésimo termo da sequência de **Fibonacci** pode ser realizado através da seguinte relação recursiva:

$F(i) = F(i-1) + F(i-2)$

$F(1) = F(0) = 1$

Problema 4: Cálculo do i-ésimo termo da sequência Padovana

O cálculo do i-ésimo termo da sequência de **Padovana** pode ser realizado através da seguinte relação recursiva:

$P(n + 1) = P(n - 1) + P(n - 2) \rightarrow P(n) = P(n - 2) + P(n - 3)$

$P(2) = P(1) = P(0) = 1$

Construir funções recursivas para resolver cada um dos problemas enunciados.

Prática

```
def fatorial(n):
 if (n > 0):
  return n*fatorial(n-1)
 else:
  return 1
```

```python
def soma(n):
 if(n > 1):
  return n+soma(n-1)
 else:
  return 1

def fibo(n):
 if(n > 1):
  return fibo(n-1) + fibo(n-2)
 else:
  return 1

def pado(n):
 if(n > 2):
  return pado(n-2) + pado(n-3)
 else:
  return 1

n = 5
print('n = {0}'.format(n))
print('{0}! = {1}'.format(n,fatorial(n)))
print('S({0}) = {1}'.format(n,soma(n)))
print('F({0}) = {1}'.format(n,fibo(n)))
print('P({0}) = {1}'.format(n,pado(n)))
```

**Resultados**

```
n = 5
5! = 120
S(5) = 15
F(5) = 8
P(5) = 3
```

Desafio 1: Verificando se uma função é um palíndromo

U m palíndromo é uma palavra que se for invertida a sequência de letras permanece a mesma.

Veja os seguintes exemplos de palíndromos:

- arara
- asa
- salas
- Socorram-me, subi no ônibus em Marrocos

A lógica para verificar se uma **palavra** é um palíndromo usa a indexação dos elementos de um tipo **str**. Por exemplo, seja a variável **s = 'arara'**, então, o conteúdo de **s** pode ser visualizado com o seguinte diagrama:

a	r	a	r	a
[0]	[1]	[2]	[3]	[4]
[i]				[j]

Sejam os índices **i** e **j** com valores iniciais dados por **i = 0** e **j = 4**. A partir deles é possível acessar os elementos **a[0]** e **a[4]**, e verificar se **a[i] != a[j]**. Se fosse, então, o processo poderia ser interropido e **s** não seria palídromo. Como isso não ocorre o índice **i** é incrementado em uma unidade e o **j** reduzido em uma unidade, gerando o seguinte esquema:

a	r	a	r	a
[0]	[1]	[2]	[3]	[4]
	[i]		[j]	

De novo é verificado que os elementos a[i] e a[j] são iguais e a verificação continua com incremento de **i** e **j** que irá resultar em:

a	r	a	r	a
[0]	[1]	[2]	[3]	[4]
		[i]		
		[j]		

Veja que novamente **a[i]** e **a[j]** são iguais, mas agora pode-se interromper a verificação, pois do contrário iríamos verificar elementos que já foram comparados. O ponto de parada é exatamente o elemento de índice 2. Isto é, devemos interromper a verificação até que **i** seja **int(len(s)/2) = int(5/2) = int(2,5) = 2**. Porém, observe que este último passo era desnecessário, pois o elemento do meio sempre irá gerar **a[i]** == **a[j]**. Então, pode-se parar com **int(len(s)/2)-1**.

Para o caso em que o número de caracteres contidos em **s** é par, ocorreria o término de comparações na seguinte situação:

a	s	s	a
[0]	[1]	[2]	[3]
	[i]	[j]	

Como **len(s) = 4** e **int(len(s)/2) = int(4/2) = int(2) = 2** e i pode ir até **int(len(s)/2) - 1**.

Desse modo, pode-se concluir que a condição de parada que serve para os 2 casos, seja o número de letras da **string**

s ímpar ou par, é: **int(len(s/2))-1**. Porém, como o comando **range(1,int(len(s/2)))** será utilizado no laço, então, automaticamente a comparação irá parar em **int(len(s/2))-1**.

Estabelecida a condição de parada para a determinação se **s** é um palíndromo ou não, pode-se traçar o seguinte roteiro para a resolução do problema:

1. Deixar todas as letras como maiúsculas para evitar problemas de comparação com falso negativo como **'R'** com **'r'**. Para tanto, o comando upper pode ser utilizado;
2. Obter o tamanho n da palavra **s**;
3. Obter o valor inicial dos índices **i (=0)** e **j (n-(i+1))**;
4. Comparar e verificar se são iguais os elementos **a[i]** e **a[j]**. Se não forem interroper o laço e determinar que **s** não é palíndromo, senão, incrementar **i** e reduzir **j** até que **i** tenha valor **int(len(s/2))-1**.

Prática

```
def verif_palindromo(pa):
 pa = pa.upper()
 n = len(pa)
 num = int(n/2)
 verif = True

 for i in range(0,num):
  print("pa[{0:d}] = {1:s}".format(i,pa[i]))
  print("pa[{0:d}] = {1:s}".format(n-(i+1),pa[n-(i+1)]))

  if (pa[i] != pa[n-(i+1)]):
   verif = False
   break
```

```
  return verif
p = "arara"
if (verif_palindromo(p)):
  print("A palavra {0:s} é palídromo".format(p))
```

**Resultados**

```
pa[0] = A
pa[4] = A
pa[1] = R
pa[3] = R
A palavra arara é palídromo
```

Desafio 2: Chamadas de funções com palavras-chave e passando listas como argumento de uma função no cálculo de média aritmética e geométrica

A função mediaAG do programa dado a seguir, irá receber uma lista de valores e será calculado e retornado a média aritmética ou a média geométrica dos valores fornecidos. Como uma das duas médias deverá ser escolhida, será necessário um parâmetro adicional tip (com valores 0 para média aritmética e 1 para média geométrica) indicando qual equacionamento deverá ser utilizado.

É importante frisar que o cálculo da **média aritmética** ma ou **geométrica** g são dados, respectivamente, pelas seguintes equações:

- **Média aritmética**: $ma = \frac{1}{n}\Sigma_{i=1}^{n} x_i$,

onde: x_i é o i-ésimo valor dos n valores fornecidos para cálculo da **média aritmética**, e $\Sigma_{i=1}^{n} x_i = x_1 + x_2 + \cdots + x_n$

- **Média geométrica**: $g = \sqrt[n]{\prod_{i-1}^{n} x_i}$,

onde: x_i é o i-ésimo valor dos n valores fornecidos para cálculo da **média geométrica** e $\prod_{i=1}^{n} x_i = x_1 \times x_2 \times \cdots \times x_n$.

Para a resolução deste problema serão criadas 3 funções:

   3. **ma** que calcula a **média aritmética**. Seu parâmetro de entrada será uma lista de valores e o parâmetro de saída a média;

4. **mg** que calcula a **média geométrica**. Seu parâmetro de entrada será uma lista de valores e o parâmetro de saída a média;

5. **mediaAG** que calcula a **média aritmética** ou **geométrica** chamando as funções anteriores de acordo com o valor contido no parâmetro **tip**. Os parâmetros de entrada serão: uma lista de valores e o parâmetro **tip**.

Agora, vamos ao código.

Prática

```
# Cálculo da média aritmética.
def ma(lista1):
 soma = 0
 n = len(lista1)
 for i in lista1:
  soma = soma + i
 total = soma/n
 return total
```

```python
# Cálculo da média geométrica.
def mg(lista1):
 prod = 1;
 n = len(lista1)
 for i in lista1:
  prod = prod*i
 # Raiz enésima = ^(1/n)
 total = (prod)**(1/n)
 return total

# Cálculo das médias: valor padrão -> média aritmética.
def mediaAG(lista, tip = 0):
 if (tip == 0):
  r = ma(lista)
 else:
  r = mg(lista)
 return r

lista1 = [7, 8, 9]
t = 0
# Trocando a ordem dos parâmetros, mas usando os nomes do cabeçalho
# da função.
m1 = mediaAG(tip = t, lista = lista1)
t = 1
m2 = mediaAG(tip = t, lista = lista1)

print(lista1)
print("Média aritmética {0:.2f} ".format(m1))
print("Média geométrica {0:.2f} ".format(m2))
```

 **Resultados**

[7, 8, 9]
Média aritmética 8.00
Média geométrica 7.96

Desafio 3: Cálculo de desvio-padrão populacional e amostral

A função desviop do programa dado a seguir, irá receber uma lista de valores e será calculado e retornado o desvio-padrão dos valores.

O desvio-padrão é uma **medida estatística** que serve para medir a dispersão dos valores coletados em relação à **media aritmética**. Em termos menos formais serve para indicar quanto os valores coletados estão "perto" ou "longe" da média. Se para um desvio-padrão zero há o indicativo de que todos os valores coletados são iguais, então, um desvio-padrão baixo indica que os dados oscilam pouco em torno da média.

Como o **desvio-padrão** pode ser **populacional** ou **amostral**, será necessário um parâmetro adicional **tip** indicando qual equacionamento deverá ser realizado.

É importante frisar que o cálculo do **desvio-padrão populacional** σ ou **amostral** s podem ser feitos após a obtenção da **variâncias** (que é o quadrado do desvio-padrão) correspondentes e dadas, respectivamente, pelas seguintes equações:

*   **Variância populacional:** $\sigma^2 = \frac{1}{N}\Sigma_{i=1}^{N}\left(x_i - \mu\right)^2$

onde: μ é a **média aritmética populacional**, x_i é o valor de cada dado, e N é o **tamanho da população** (ou número de valores coletados), e o **desvio-padrão populacional** é dado por $\sigma = \sqrt{\sigma^2}$.

*   A **média aritmética populacional** é dada por:

$$\mu = \frac{1}{N}\sum_{i=1}^{N} x_i$$

*   **Variância amostral:** $s^2 = \frac{1}{n-1}\Sigma_{i=1}^{n}\left(x_i - \bar{x}\right)^2$

onde: $\bar{x}$ é a **média aritmética amostral**, x_i é o valor de cada

215

dado, e n é o **tamanho da amostra** (ou número de valores coletados extraídos de uma população), e o **desvio-padrão amostral** é dado por $s = \sqrt{s^2}$.

- A **média aritmética amostral** é dada por:

$$\bar{x} = \frac{1}{n}\sum_{i=1}^{n} x_i$$

Um roteiro acerca das funções a serem desenvolvidas para esse programa é dado por:

- Uma função **ma** que calcula a média aritmética a partir dos valores de uma lista;
- Uma função **calcSDQ** que usa a função **ma** e calcula a soma do quadrado da diferença entre a média aritmética e cada valor da lista;
- Uma função **devPP** que divide o valor retornado por **calcSDQ** por **N** para obter a **variância populacional**. Depois extraí a raiz quadrada para obter o **desvio-padrão populacional**;
- Uma função **devPA** que divide o valor retornado por **calcSDQ** por **n-1** para obter a **variância amostral**. Depois extraí a raiz quadrada para obter o **desvio-padrão amostral**;
- Uma função **desviop** que de acordo com um parâmetro **tip** determina qual das duas funções irá chamar: **devPP** ou **devPP**. Além disso, seus paramêtros de entrada são passados em forma de lista chamada ****par** de modo que para serem recuperados é necessário empregar a seguinte sintaxe:

```
def desviop(**par):
lista = par["lista"]
tip = par["tip"]
```

E a chamada para esta função deverá declarar explicitamente

o nome dos parâmetros que será empregado para a posterior **'recuperação'** dos valores no escopo da função:

m1 = desviop(**tip** = t, **lista** = l1)

 **Prática**

```python
# Cálculo da média aritmética.
def ma(lista1):
 soma = 0
 n = len(lista1)
 for i in lista1:
  soma = soma + i
 total = soma/n
 return total

# Cálculo da soma das diferenças ao quadrado entre x_i e a média.
def calcSDQ(lista1):
 med = ma(lista1)  # Cálculo da média aritmética por meio da função ma
 soma = 0
 for i in lista1:
  soma = soma + (i - med)**2
 return soma

# Cálculo do desvio-padrão populacional
def devPP(lista1):
```

```
soma = calcSDQ(lista1) # Cálculo da soma das diferenças ao quadrado
n = len(lista1)
total = soma/n     # Divisão por N: variância populacional
dpp = total**(1/2)   # raiz quadrada: transforma variância em desvio-
padrão
return dpp

def devPA(lista1):
soma = calcSDQ(lista1) # Cálculo da soma das diferenças ao quadrado
n = len(lista1)
total = soma/(n-1)   # Divisão por n-1: variância amostral
dpa = total**(1/2)   # raiz quadrada: transforma variância em desvio-
padrão
return dpa


# Cálculo das médias: valor padrão -> média aritmética.
def desviop(**par):
 lista = par["lista"]
 tip   = par["tip"]
 if (tip == 0):
  r = devPP(lista)
 else:
  r = devPA(lista)
 return r

l1 = [7, 8, 9]
t = 0
# Trocando a ordem dos parâmetros, mas usando os nomes do cabeçalho
da função.
m1 = desviop(tip = t, lista = l1)
t = 1
m2 = desviop(tip = t, lista = l1)

print(l1)
print("Desvio-padrão populacional {0:.2f} ".format(m1))
print("Desvio-padrão amostral   {0:.2f} ".format(m2))
```

 **Resultados**

[7, 8, 9]
Desvio-padrão populacional 0.82
Desvio-padrão amostral   1.00

Desafio 4: Desvendando os segredos do Google - PageRank

De acordo com o Wikipédia:

"PageRank é um algoritmo utilizado pela ferramenta de busca Google para posicionar websites entre os resultados de suas buscas. O PageRank mede a importância de uma página contabilizando a quantidade e qualidade de links apontando para ela. Não é o único algoritmo utilizado pelo Google para classificar páginas da internet, mas é o primeiro utilizado pela companhia e o mais conhecido."

Agora suponha o seguinte problema relacionado: seja uma lista contendo o índice associado ao **PageRank** de cada página da internet indexada pelo **Google**.

Agora deseja-se criar um programa capaz de retornar duas listas relativas às páginas em ordem decrescente de índice de PageRank:

1. Uma **lista** contendo os valores de **PageRank** das páginas;
2. Uma **lista** contendo os **índices originais** de ordenação associado a cada página.

O programa a seguir executa essa tarefa usando o algoritmo de ordenação denominado **Bubble Sort**. A descrição do algoritmo do **Bubble sort** é dada em:

https://pt.wikipedia.org/wiki/Bubble_sort

Uma ilustração do funcionamento do Bubble Sort é dada na figura dada a seguir:

https://pt.wikipedia.org/wiki/
Ficheiro:Bubble_sort_animation.gif

Prática

```
def troca(b,c):
 return(c,b)


def bubble_sort(a,crit):

 for i in list(range(1,len(a),1)):

  for j in list(range(0,len(a)-i,1)):

   if crit[j] < crit[j+1]:
    a[j],a[j+1] = troca(a[j],a[j+1])
    crit[j],crit[j+1] = troca(crit[j],crit[j+1])

 return(a,crit)

pagerank = [4.7, 5.4, 3.1, 10.2]
index    = [0, 1, 2, 3]
print('Antes index    = ' + str(index))
print('Antes pagerank = ' + str(pagerank))
index,r = bubble_sort(index,pagerank)
print('Depois index   = ' + str(index))
print('Depois pagerank = ' + str(pagerank))
```

**Resultados**

```
Antes index    = [0, 1, 2, 3]
Antes pagerank = [4.7, 5.4, 3.1, 10.2]
Depois index   = [3, 1, 0, 2]
Depois pagerank = [10.2, 5.4, 4.7, 3.1]
```

CAPÍTULO 8: LEITURA DE DADOS DE ARQUIVOS LOCAIS OU DA INTERNET

Playlist das vídeo-aulas com as explicações dos códigos deste Capítulo

https://bit.ly/3tkMCt7

Módulo 8 - Aula 1 - Visão geral: os 3 tipos de leitura de dados a serem abordados
Anibal Azevedo

Módulo 8 - Aula 2 - Criando um link que ao ser clicado baixa um arquivo localizado no google drive
Anibal Azevedo

Módulo 8 - Aula 3 - Upload e leitura de arquivo da sua máquina para o Google Colab
Anibal Azevedo

Módulo 8 - Aula 4 - Gerando estatísticas da tabela de dados obtida do arquivo do seu computador
Anibal Azevedo

Módulo 8 - Aula 5 - Estatísticas dados agrupados do arquivo do seu computador
Anibal Azevedo

Módulo 8 - Aula 6 - Leitura de dados de tabelas de páginas HTML
Anibal Azevedo

Módulo 8 - Aula 7 - Leitura de arquivos .csv na internet (GitHub)
Anibal Azevedo

Módulo 8 - Aula 8 - Filtrando e desenhando gráficos dos dados do arquivo .csv na internet (GitHub)
Anibal Azevedo

Módulo 8 - Aula 9 - Melhorando gráficos a partir dos dados do arquivo .csv
Anibal Azevedo

Módulo 8 - Aula 10 - Controlando quais dados do arquivo .csv serão desenhados
Anibal Azevedo

1. Introdução

Manipulando dados de arquivos

E sta primeira parte da aula tem por objetivo explicar como e quais comandos estão disponíveis para realizar a leitura e tratamento de dados em arquivos. Para tanto, serão vistas três formas de leitura de dados:

1. De um arquivo local (no seu computador);
2. De um arquivo disponível em um endereço da Internet;
3. De uma página da internet.

Será visto também como realizar a leitura de dois tipos de arquivo no Google Colab:

- Arquivo formato xlxs (Excel)
- Arquivo formato csv (comma separated values)

Ambos os formatos podem ser abertos no programa Excel ou Google Docs para a realização de verificações adicionais. Nosso intuito, porém é que você consiga realizar a leitura de dados para gerar estatísticas, tratamento de dados e estatísticas. Nesse sentido 3 pacotes do Python serão empregados:

1. Pandas: leitura e seleção de dados;
2. Numpy: tratamento e preparação dos dados;
3. Matplotlib: para criar gráficos de estatísticas.

2. Leitura de dados de arquivos locais

P rimeiramente vamos realizar a leitura de um arquivo csv que esteja no seu computador (arquivo local).

Bibliotecas para leitura dos dados:

P ara realizar a leitura de dados de forma adequada é necessário realizar a importação das seguintes bibliotecas:

- pandas: leitura de dados em formato de tabelas e seleção dos dados;
- files: comando do Google colab que permite a obtenção de dados locais;
- io: biblioteca de entrada e saída que contém comando para transformar o nome do arquivo em um nome que permita a manipulação pelo Google colab.

Prática

#Use to import pandas
import pandas as pd
#Use to import the file into google Colab drive
from google.colab import files
#Use to import io, which opens the file from the Colab drive
import io

Observação: Nenhuma mensagem será exibida após a sequência de comandos **import**.

Passos para criar links diretos para download do Google Drive:

- Crie o arquivo em seu computador (localmente) e suba em um servidor da nuvem como, por exemplo, o Google Drive. Se quiser utilize o seguinte arquivo exemplo:

shorturl.at/cozFR

- Modifique a permissão para que qualquer possa ver ("Anyone on the internet with this link can view");

- Copie o link disponibilizado e insira no seguinte site: https://s3.amazonaws.com/support.geckoboard.com/geckoboard-sharepoint/index.html

- Para o arquivo exemplo inicialmente fornecido foi gerado o seguinte link para o qual o arquivo é automaticamente baixado:

shorturl.at/kmLRT

- Pronto seu arquivo poderá ser manipulado por qualquer notebook do Google Colab ou mesmo baixado através do link criado.

Passos para obtenção dos dados:

- Baixar o arquivo de extensão **'csv'** do **Google Drive** em uma pasta do seu computador (pasta local): https://drive.google.com/uc? export=download&id=1311JdKd8CLKsX-OTXT-T-CW1_cV3vk7G

- Executar o comando para carregar o arquivo no ambiente do **Google Colab**. Selecionar arquivo no seu computador.

Prática

 # This will open a widget when run that will enable you to browse the files on your local storage drive.
uploaded = files.upload()
 # Getting first key in dictionary: uploaded['Centro de P&D e Inovação_Instituto de Pesquisa_ Instituto de Ensino.xlsx']
file_name = next(iter(uploaded))
file_name

Resultados

Passo 1: Habilitação de botão que abre menu para escolha de arquivo a ser carregado no ambiente do Google Colab. Clicar no botão "Escolher arquivos".

Passo 2: Encontrar e escolher o arquivo "original2.csv". Após selecionar o arquivo e aparecer o nome no campo "Nome", apertar o botão "Abrir".

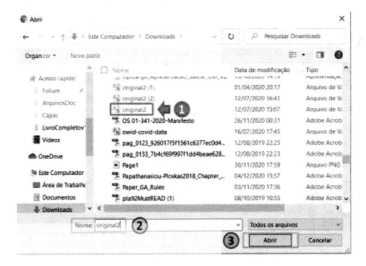

Passo 3: Se tudo ocorrer bem então irá aparecer uma mensagem de sucesso do carregamento dos dados do arquivo na área de trabalho do Google Colab.

```
Escolher arquivos  original2.csv
 • original2.csv(application/vnd.ms-excel) - 414 bytes, last modified: 12/07/2020 - 100% done
Saving original2.csv to original2.csv
'original2.csv'
```

Após carregar o arquivo:

D epois de carregar o arquivo no ambiente do **Google colab**, é possível realizar a leitura dos dados contidos no arquivo.

Prática

 # Now use the below code to read the csv in pandas' dataframe
gfile_name = io.StringIO(uploaded[file_name].decode('ISO 8859-1').strip())
df = pd.read_csv(gfile_name)
df

Resultados

	ID	Address	City	State	Country	Name	Employees
0	1	3666 21st St	San Francisco	CA 94114	USA	Madeira	8
1	2	735 Dolores St	San Francisco	CA 94119	Brazil	Bready Shop	15
2	3	332 Hill St	San Francisco	California 94114	Brazil	Super River	25
3	4	3995 23rd St	San Francisco	CA 94114	Germany	Ben's Shop	10
4	5	1056 Sanchez St	San Francisco	California	USA	Sanchez	12
5	6	551 Alvarado St	San Francisco	CA 94114	Germany	Richvalley	20

Extraindo dados da Tabela:

P ara extrair os dados da Tabela é necessário conhecer os nomes de cada uma das colunas.

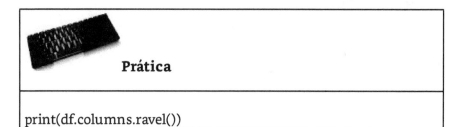

Prática

print(df.columns.ravel())

Resultados

['ID' 'Address' 'City' 'State' 'Country' 'Name' 'Employees']

Extração de dados de uma coluna:

Para extrair dados da coluna de nome 'Employees' basta utilizar o operador df['Nome_da_Coluna'].operadorEstatístico(). Mais detalhes em: https://datatofish.com/use-pandas-to-calculate-stats-from-an-imported-csv-file/

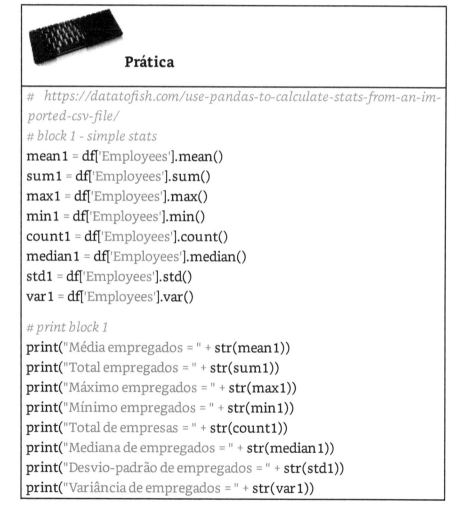

Prática

```
# https://datatofish.com/use-pandas-to-calculate-stats-from-an-im-
ported-csv-file/
# block 1 - simple stats
mean1 = df['Employees'].mean()
sum1 = df['Employees'].sum()
max1 = df['Employees'].max()
min1 = df['Employees'].min()
count1 = df['Employees'].count()
median1 = df['Employees'].median()
std1 = df['Employees'].std()
var1 = df['Employees'].var()

# print block 1
print("Média empregados = " + str(mean1))
print("Total empregados = " + str(sum1))
print("Máximo empregados = " + str(max1))
print("Mínimo empregados = " + str(min1))
print("Total de empresas = " + str(count1))
print("Mediana de empregados = " + str(median1))
print("Desvio-padrão de empregados = " + str(std1))
print("Variância de empregados = " + str(var1))
```

**Resultados**

Média empregados = 15.0

Total empregados = 90

Máximo empregados = 25

Mínimo empregados = 8

Total de empresas = 6

Mediana de empregados = 13.5

Desvio-padrão de empregados = 6.44980619863884
Variância de empregados = 41.6

Agrupando dados:

P or último, possível agrupar os dados por uma determinada característica associada a uma categoria. No exemplo dado a seguir, os dados serão agrupados em função dos possíveis valores contidos na coluna (Categoria) 'Country'.

Prática

```
# block 2 - group by
groupby_sum1 = df.groupby(['Country']).sum()
groupby_count1 = df.groupby(['Country']).count()


# print block 2
print ('Soma dos empregados, agrupado por país: ' + str(groupby_sum1))
print ('Contador de valores, agrupado por país: ' + str(groupby_count1))
```

Resultados

Soma dos empregados, agrupado por país: ID Employees
Country

Brazil 5   40
Germany 10   30
USA   6   20
Contador de valores, agrupado por país: ID Address City State
Name Employees
Country
Brazil 2   2 2 2 2   2
Germany 2   2 2 2 2   2
USA   2   2 2 2 2   2

3. Leitura de dados de páginas da internet

U m segundo passo sobre leitura de dados é aprender extrair dados de tabelas contidas em páginas da internet. As páginas da internet na verdade são arquivos com formato .html (na verdade é um pouco mais complicado que isso) e existem diversas forma para se gerar esses arquivos.

O importante é que existem bibliotecas em Python com comandos para realizar a extração de dados de forma muito eficiente.

Leitura de páginas da internet

Primeiramente será lido o conteúdo da seguinte página:

https://developers.google.com/public-data/docs/canonical/countries_csv

Estamos particularmente interessados na tabela contida nessa página. Porém, como extrair essa tabela da página para realizarmos avaliações e cálculos?

É o que veremos no código dado a seguir.

Prática

```
import codecs
import io
import requests

url="https://developers.google.com/public-data/docs/canonical/countries_csv"
s=requests.get(url).content
print(s.decode('utf-8'))
```

**Resultados**

```
<!doctype html>
<html lang="en" dir="ltr">
<head>
<meta name="google-signin-client-id" content="721734680570-b4k1cfvxk7hk4eni4pjvepaus770139.apps.googleusercontent.com">
<meta name="google-signin-scope" content="profile email">
<meta property="og:site_name" content="Google Developers">
<meta property="og:type" content="website">

<meta name="theme-color" content="#9f9bb5">

<meta charset="utf-8">
<meta content="IE=Edge" http-equiv="X-UA-Compatible">
<meta name="viewport" content="width=device-width, initial-scale=1">
<link rel="manifest" href="/_pwa/developers/manifest.json">
<link rel="use-credentials">
<link rel="preconnect" href="//www.gstatic.com" crossorigin>
<link rel="preconnect" href="//fonts.gstatic.com" crossorigin>
<link rel="preconnect" href="//fonts.googleapis.com" crossorigin>
<link rel="stylesheet" href="//fonts.googleapis.com/css?family=Google+Sans:400,500|Roboto:400,400italic,500,500italic,700,700italic|Roboto+Mono:400,500,700|Material+Icons">
<link rel="stylesheet" href="https://www.gstatic.com/devrel-devsite/prod/...developers/css/app.css">
</head>
```

Entendendo o código:

1. Primeiro foi passado o endereço da página: **url="https:// developers.google.com/public-data/docs/canonical/**

countries_csv".

2. Para esse endereço foi realizada uma requisão (**requests**) de obtenção (**get(url)**) do conteúdo (**content**): **s = requests.get(url).content**. O conteúdo da página é colocado na variável **s**.

3. De posse do conteúdo da variável é necessário transformar o mesmo de modo que ele possa ser impresso como texto: **print(s.decode('utf-8'))**.

Porém, o código anterior não nos permitiu realizar a leitura apenas da tabela. Com a biblioteca Pandas é possível realizar isso com apenas um comando: **pd.read_html(url)**.

A seguir é dado o trecho de um código que irá fornecer os dados em um formato de tabela.

Prática

```
# https://www.youtube.com/watch?v=D8T1epVAx-4
import pandas as pd
url="https://developers.google.com/public-data/docs/canonical/countries_csv"
d = pd.read_html(url)
d
```

Resultados

```
[   country  latitude longitude        name
0     AD 42.546245 1.601554       Andorra
1     AE 23.424076 53.847818 United Arab Emirates
2     AF 33.939110 67.709953      Afghanistan
3     AG 17.060816 -61.796428 Antigua and Barbuda
4     AI 18.220554 -63.068615      Anguilla
..    ...      ...      ...        ...
240   YE 15.552727 48.516388       Yemen
241   YT -12.827500 45.166244      Mayotte
242   ZA -30.559482 22.937506   South Africa
243   ZM -13.133897 27.849332      Zambia
244   ZW -19.015438 29.154857    Zimbabwe

[245 rows x 4 columns]]
```

Conhecendo o nome de cada coluna, então, agora é possível extrair as informações que são de interesse, isto é, **latitude** e **longitude** da capital de cada país.

Prática

```
# https://pythonhow.com/accessing-dataframe-columns-rows-and-cells/
df = d[0] # d is a list
#E se usamos(?): df.loc[:,["latitude","longitude"]]
latitude = df.loc[:,"latitude"]
longitude = df.loc[:,"latitude"]
print([latitude, longitude])
```

Resultados

```
[0    42.546245
1    23.424076
2    33.939110
3    17.060816
4    18.220554
     ...
240  15.552727
241  -12.827500
242  -30.559482
243  -13.133897
244  -19.015438
Name: latitude, Length: 245, dtype: float64, 0    42.546245
1    23.424076
2    33.939110
3    17.060816
4    18.220554
     ...
240  15.552727
241  -12.827500
242  -30.559482
243  -13.133897
```

```
244  -19.015438
Name: latitude, Length: 245, dtype: float64]
```

Por enquanto, isso será o máximo de ações com esse comando, mas ele será extremamente útil para a próxima aula na qual iremos construir mapas usando a biblioteca **Folium**.

4. Leitura de dados de arquivos na internet

Um terceiro passo sobre leitura de dados é aprender extrair dados de tabelas contidas em **arquivos com extensão '.csv'** disponível em endereços de internet.

Agora, além de extrair dados dos arquivos, seremos capazes de combinar eles para elaborar gráficos utilizando a biblioteca Matplotlib conforme dado a seguir.

Leitura de arquivos na internet

O s dados utilizados foram extraídos da seguinte fonte: https://ourworldindata.org/coronavirus-source-data

Mais detalhes sobre esses dados em:

https://ourworldindata.org/coronavirus-source-data

https://ourworldindata.org/coronavirus

Prática

```python
# https://ourworldindata.org/coronavirus-source-data
# https://colab.research.google.com/drive/105vXFkumbDaFhbmhfolP-
MZbqBBsA_wqL
# https://ourworldindata.org/coronavirus
import pandas as pd
import io
import requests
url="https://covid.ourworldindata.org/data/ecdc/total_cases.csv"
#url="https://raw.githubusercontent.com/cs109/2014_data/master/
countries.csv"
s=requests.get(url).content
df=pd.read_csv(io.StringIO(s.decode('utf-8')))
df
```

Resultados

	date	World	Afghanistan	Albania	Algeria	Andorra	Angola	Anguilla	Antigua and Barbuda	Argentina	Armenia	Aruba	Australia	Austria	Azerbaijan	Bahamas	Bahrain
0	2019-12-31	27	0.0	NaN	0.0	NaN	NaN	NaN	NaN	NaN	0.0	NaN	0	0	0.0	NaN	0.0
1	2020-01-01	27	0.0	NaN	0.0	NaN	NaN	NaN	NaN	NaN	0.0	NaN	0	0	0.0	NaN	0.0
2	2020-01-02	27	0.0	NaN	0.0	NaN	NaN	NaN	NaN	NaN	0.0	NaN	0	0	0.0	NaN	0.0
3	2020-01-03	44	0.0	NaN	0.0	NaN	NaN	NaN	NaN	NaN	0.0	NaN	0	0	0.0	NaN	0.0
4	2020-01-04	44	0.0	NaN	0.0	NaN	NaN	NaN	NaN	NaN	0.0	NaN	0	0	0.0	NaN	0.0
...																	
194	2020-07-12	12694509	34451.0	3371.0	18712.0	855.0	483.0	3.0	74.0	97509.0	31392.0	105.0	9553	18795	23521.0	111.0	32470.0
195	2020-07-13	12889797	34451.0	3454.0	19195.0	855.0	506.0	3.0	74.0	100153.0	31969.0	105.0	9797	18847	24041.0	111.0	32941.0
196	2020-07-14	13027895	34455.0	3571.0	19689.0	858.0	506.0	3.0	74.0	103105.0	32151.0	105.0	9980	18859	24570.0	113.0	33476.0
197	2020-07-15	13300133	34740.0	3667.0	20216.0	861.0	525.0	3.0	74.0	106281.0	32490.0	106.0	10251	19060	25113.0	116.0	34078.0
198	2020-07-16	13530628	34994.0	3752.0	20770.0	862.0	576.0	3.0	74.0	106897.0	33005.0	106.0	10495	19115	25672.0	119.0	34560.0

199 rows × 212 columns

Como é possível observar existem muitos países para os quais os dados não foram recuperados corretamente (**NaN**). Poderia ser aplicado algum tratamento de dados como, por exemplo, a substituição pelo valor zero. Porém, ao invés disso, iremos utilizar os dados como estão para criar gráficos com a biblioteca **Matplotlib**.

Prática

```
import matplotlib.pyplot as plt
```

df.plot()

<matplotlib.axes._subplots.AxesSubplot at 0x7f1a5d4bcc50>

Resultados

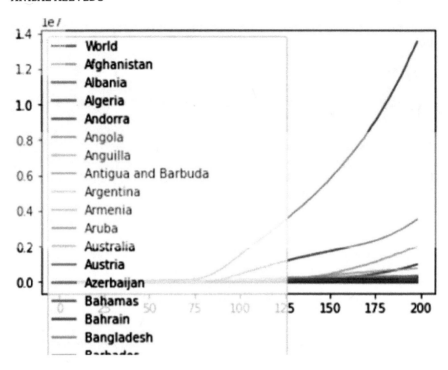

Prática

https://note.nkmk.me/en/python-pandas-t-transpose/
```
dft = df.transpose()
dft
```

Resultados

	0	1	2	3	4	5	6	7	8	9	10	11	12
date	2019-12-31	2020-01-01	2020-01-02	2020-01-03	2020-01-04	2020-01-05	2020-01-06	2020-01-07	2020-01-08	2020-01-09	2020-01-10	2020-01-11	2020-01-12
World	27	27	27	44	44	59	59	59	59	59	59	59	59
Afghanistan	0	0	0	0	0	0	0	0	0	0	0	0	0
Albania	NaN	NaN	NaN	NaN	NaN	NaN	NaN	NaN	NaN	NaN	NaN	NaN	NaN
Algeria	0	0	0	0	0	0	0	0	0	0	0	0	0
...	...	...	...	...	...	...	...	...	...	...	...	...	...
Vietnam	0	0	0	0	0	0	0	0	0	0	0	0	0
Western Sahara	NaN	NaN	NaN	NaN	NaN	NaN	NaN	NaN	NaN	NaN	NaN	NaN	NaN
Yemen	NaN	NaN	NaN	NaN	NaN	NaN	NaN	NaN	NaN	NaN	NaN	NaN	NaN
Zambia	NaN	NaN	NaN	NaN	NaN	NaN	NaN	NaN	NaN	NaN	NaN	NaN	NaN
Zimbabwe	NaN	NaN	NaN	NaN	NaN	NaN	NaN	NaN	NaN	NaN	NaN	NaN	NaN

212 rows × 199 columns

Para eliminar os dados cujas linhas existe pelo menos um valor NaN, usa-se o comando **dropna()**.

Prática

https://pandas.pydata.org/pandas-docs/stable/reference/api/
pandas.DataFrame.dropna.html

```
dftok = dft.dropna()
dftok
```

Resultados

	0	1	2	3	4	5	6	7	8	9	10	11	12	13	14	15	16	17	18
date	2019-12-31	2020-01-01	2020-01-02	2020-01-03	2020-01-04	2020-01-05	2020-01-06	2020-01-07	2020-01-08	2020-01-09	2020-01-10	2020-01-11	2020-01-12	2020-01-13	2020-01-14	2020-01-15	2020-01-16	2020-01-17	2020-01-18
World	27	27	27	44	44	59	59	59	59										
Australia	0	0	0	0	0	0	0	0	0										
Austria	0	0	0	0	0	0	0	0	0										
Belgium	0	0	0	0	0	0	0	0	0										
Brazil	0	0	0	0	0	0	0	0	0										
Canada	0	0	0	0	0	0	0	0	0										
China	27	27	27	44	44	59	59	59	59										
Czech Republic	0	0	0	0	0	0	0	0	0										
Denmark	0	0	0	0	0	0	0	0	0										
France	0	0	0	0	0	0	0	0	0										
Germany	0	0	0	0	0	0	0	0	0										
Iceland	0	0	0	0	0	0	0	0	0										
Iran	0	0	0	0	0	0	0	0	0										
Italy	0	0	0	0	0	0	0	0	0										
Japan	0	0	0	0	0	0	0	0	0										
Netherlands	0	0	0	0	0	0	0	0	0										
Norway	0	0	0	0	0	0	0	0	0										
Russia	0	0	0	0	0	0	0	0	0										
Singapore	0	0	0	0	0	0	0	0	0										
South Korea	0	0	0	0	0	0	0	0	0										
Sweden	0	0	0	0	0	0	0	0	0										
Switzerland	0	0	0	0	0	0	0	0	0										
United Kingdom	0	0	0	0	0	0	0	0	0										
United																			

É possível criar gráficos apenas com alguns dos países selecionados.

Prática

```
# https://thispointer.com/select-rows-columns-by-name-or-index-in-
dataframe-using-loc-iloc-python-pandas/
# https://www.marsja.se/how-to-use-iloc-and-loc-for-indexing-and-
slicing-pandas-dataframes/
plt.figure()

# Selecting columns using its names.
x = df["date"]
y1 = df["Italy"]
```

```
y2 = df["Spain"]


# Using set_dashes() to modify dashing of an existing line
plt.plot(x,y1, label = "Itália")
plt.plot(x,y2, label = "Espanha")
plt.legend()
plt.title("Evolução de casos confirmados")
plt.show()
```

 **Resultados**

Evolução de casos confirmados

 **Prática**

```
# Site: https://medium.com/dunder-data/selecting-subsets-of-data-in-
pandas-6fcd0170be9c
# Selecting a specific day.
x = [*range(1, len(dftok.iloc[1])+1, 1)]
y3 = dftok.iloc[1]

# Using set_dashes() to modify dashing of an existing line
plt.plot(x,y1, label = "Itália")
plt.plot(x,y2, label = "Espanha")
plt.plot(x,y3, label = "Mundo")
plt.legend()
plt.title("Evolução de casos confirmados")
plt.show()
```

**Resultados**

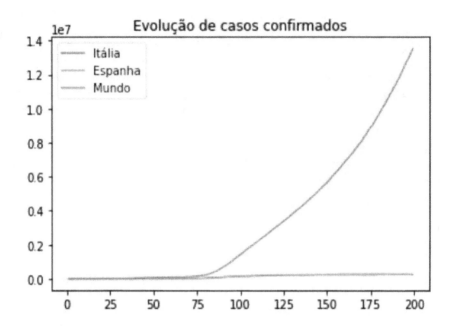

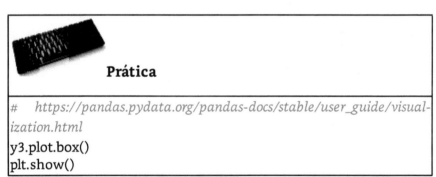

Prática

```
# https://pandas.pydata.org/pandas-docs/stable/user_guide/visual-
ization.html
y3.plot.box()
plt.show()
```

**Resultados**

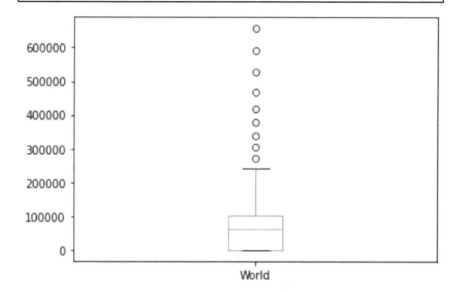

**Prática**

```
import numpy as np
```
*#   https://chrisalbon.com/python/data_wrangling/pandas_dropping_*
column_and_rows/
 #   https://medium.com/dunder-data/selecting-subsets-of-data-in-

pandas-6fcd0170be9c
 # https://stackoverflow.com/questions/952914/how-to-make-a-flat-list-out-of-list-of-lists

```python
# Selecting lines by its names and column using number index.
x4 = [*range(1, 85, 4)]
y4 = dftok.loc[['Australia'],x4]
y4 = y4.values
y4 = list(np.array(y4).flat)
x4 = np.array(x4)
print(x4)
print(y4)
## Using set_dashes() to modify dashing of an existing line
plt.plot(x4,y4, label = "Austrália")
plt.legend()
plt.show()
```

**Resultados**

```
[ 1  5  9 13 17 21 25 29 33 37 41 45 49 53 57 61 65 69 73 77 81]
[0, 0, 0, 0, 0, 0, 1, 4, 11, 13, 14, 15, 15, 21, 22, 26, 52, 80, 156, 375, 874]
```

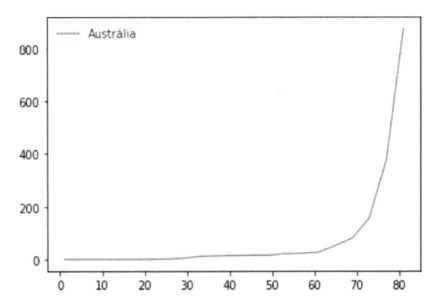

CAPÍTULO 9: PROJETO 2 – LEITURA DE DADOS FINANCEIROS DE UM SITE

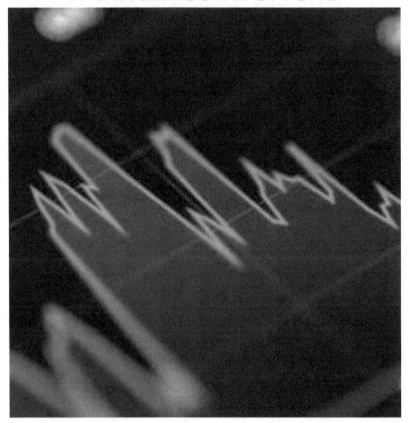

Playlist das vídeo-aulas com as explicações dos códigos deste Capítulo

https://bit.ly/39K5REC

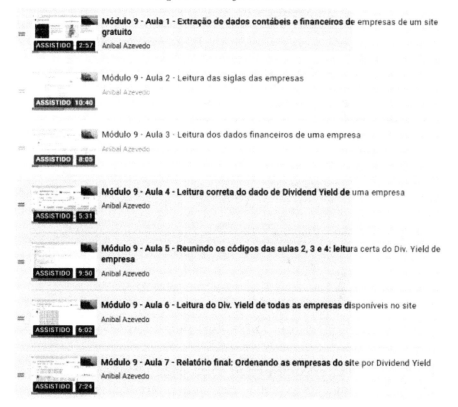

O site **https://www.fundamentus.com.br/detalhes.php** fornece uma série de indicadores financeiros para uma vasta gama de empresas tal como ilustrado na Figura 1.

FUNDAMENTUS
INVISTA CONSCIENTE

| PÁGINA INICIAL | INVESTIMENTO CONSCIENTE | **MAIS OPÇÕES ▼** | **ENTRE EM CONTATO** | **DETALH** |

Selecione o Papel

Papel	Nome Comercial	Razão Social
AALR3	ALLIAR	CENTRO DE IMAGEM DIAGNOSTICOS S.A.
ABCB3	ABC Brasil	BANCO ABC BRASIL S/A
ABCB4	ABC Brasil	BANCO ABC BRASIL S/A
ABEV3	AMBEV S/A	AMBEV S.A.
ABRE3	SOMOS EDUCA	SOMOS EDUCAÇÃO S.A.
ABYA3	ABYARA	ABYARA PLANEJAMENTO IMOBILIARIO S.A.
ACES3	ARCELORMITTAL INOX BRASIL	ARCELORMITTAL INOX BRASIL S.A.
ACES4	ARCELORMITTAL INOX BRASIL	ARCELORMITTAL INOX BRASIL S.A.
ADHM3	ADVANCED-DH	ADVANCED DIGITAL HEALTH MEDICINA PREVENTIVA S.A.
AEDU11	ANHANGUERA EDUCACIONAL PARTICIPAÇÕES SA	ANHANGUERA EDUCACIONAL PARTICIPAÇÕES S.A
AEDU3	ANHANGUERA EDUCACIONAL PARTICIPAÇÕES SA	ANHANGUERA EDUCACIONAL PARTICIPAÇÕES S.A
AELP3	AES ELPA	AES ELPA SA
AERI3	AERIS	AERIS IND. E COM. DE EQUIP. GERACAO DE ENERGIA S/A
AESL3	AES SUL DISTRIB. GAÚCHA DE ENERGIA S.A.	AES SUL DISTRIB. GAÚCHA DE ENERGIA S.A.

Figura 1: Visão geral de um site com dados financeiros de empresas.

É interessante saber como extrair os dados da Tabela dada na Figura 1 e gerar um dataframe da biblioteca Pandas na área do Google Colab.

Uma primeira tentativa pode ser feita através da leitura de dados direta de uma página html, isto é, sem o comando **requests** tal como dado no programa a seguir.

Prática

import pandas as pd

url="https://www.fundamentus.com.br/detalhes.php"

d = pd.read_html(url)]

df = d[0]

df

Resultados

```
HTTPError                               Traceback (most recent call last)
<ipython-input-1-95f0c77dac6a> in <module>()
      3 import requests
      4 url="https://www.fundamentus.com.br/detalhes.php"
----> 5 d = pd.read_html(url)
      6 df = d[0]
      7 df

                        ------ ⌃ 12 frames ------
/usr/lib/python3.6/urllib/request.py in http_error_default(self, req, fp, code, msg, hdrs)
    648 class HTTPDefaultErrorHandler(BaseHandler):
    649     def http_error_default(self, req, fp, code, msg, hdrs):
--> 650         raise HTTPError(req.full_url, code, msg, hdrs, fp)
    651
    652 class HTTPRedirectHandler(BaseHandler):

HTTPError: HTTP Error 403: Forbidden
```

A tentativa de leitura direta resultou em erro de permissão de acesso "HTTPError: HTTP Error 403: Forbidden". Esse erro indica que a máquina que hospeda o arquivo html entendeu o pedido, mas se recusa a autorizá-lo.

Isso pode ser contornado observando-se duas condições:

- A leitura de dados deve ser realizada através de uma requisição de acesso por meio do comando **requests**;
- O acesso aos dados da página deve ser feito através de um navegador ou um código que emule isso.

Considerando-se os dois pontos anteriormente elencados, o programa foi reformulado e é como dado a seguir.

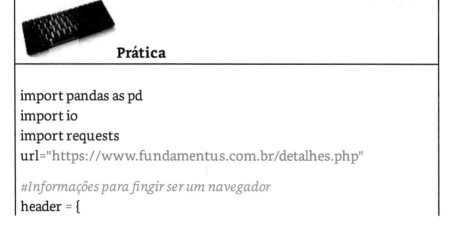

Prática

```
import pandas as pd
import io
import requests
url="https://www.fundamentus.com.br/detalhes.php"

#Informações para fingir ser um navegador
header = {
```

"User-Agent": "Mozilla/5.0 (X11; Linux x86_64) AppleWeb-Kit/537.36 (KHTML, like Gecko) Chrome/50.0.2661.75 Safari/537.36",
 "X-Requested-With": "XMLHttpRequest"
}

#juntamos tudo com a requests
r = requests.get(url, headers=header)
#E finalmente usamos a função read_html do pandas
d = pd.read_html(r.text)
df = d[0]
df

**Resultados**

	Papel	Nome Comercial	Razão Social
0	AALR3	ALLIAR	CENTRO DE IMAGEM DIAGNOSTICOS S.A.
1	ABCB3	ABC Brasil	BANCO ABC BRASIL S/A
2	ABCB4	ABC Brasil	BANCO ABC BRASIL S/A
3	ABEV3	AMBEV S/A	AMBEV S.A.
4	ABRE3	SOMOS EDUCA	SOMOS EDUCAÇÃO S.A.
...	...		
945	WLMM3	WLM	WLM INDÚSTRIA E COMÉRCIO S/A
946	WLMM4	WLM	WLM INDÚSTRIA E COMÉRCIO S/A
947	WMBY3	WEMBLEY SOCIEDADE ANÔNIMA	WEMBLEY SOCIEDADE ANÔNIMA
948	WSON33	Wilson Sons	WILSON SONS LIMITED
949	YDUQ3	YDUQS PART	ESTACIO PARTICIPACOES S.A.

950 rows × 3 columns

Além dos dados gerais de cada empresa, na Figura 1 a sigla de cada empresa oferece o link para uma página com dados financeiros de cada empresa. A Figura 2 mostra a página contida no link da sigla 'AALR3' cujo site é: https://www.fundamentus.com.br/detalhes.php?papel=AALR3.

Figura 2: Dados financeiros detalhados da empresa de sigla 'AALR3'.

A Figura 2 mostra que a página possui várias tabelas com informações detalhadas da empresa. Para realizar a leitura de

É interessante observar a diferença entre a página da Figura 1 e a página da Figura 2 é o termo '?papel = **sigla_da_empresa**'. Ou seja, para ler os dados financeiros de cada empresa referentes ao Div. Yield deve-se adotar os seguintes passos:

- Ler as siglas das empresas contidas na tabela da Figura 1 e colocar essa informação em uma lista **siglas**;

- Ler todas as tabelas de uma página de uma empresa:

https://www.fundamentus.com.br/detalhes.php?
papel=**siglas[i]**

e obter o elemento de índice [8, 3] da tabela de índice 2 (terceira tabela);

O programa a seguir realiza esses dois passos de forma a extrair os dados de Div. Yield de todas as empresas, desde que esse dado exista.

Para algumas empresas sequer a segunda tabela existe. Para outras a tabela 2 não tem todos os campos tal como dado na Figura 2.

Desse modo combinações de **if/else** são empregadas para evitar-se erro de leitura dos dados. Os resultados extraídos são salvos em uma tabela **dt** contendo: nome completo da empresa, sigla da empresa e o Div. Yield correspondente.

 **Prática**

```
header = {
    "User-Agent": "Mozilla/5.0 (Windows NT 6.1; Win64; x64;
rv:47.0) Gecko/20100101 Firefox/47.0",
    "X-Requested-With": "XMLHttpRequest"
```

```
}
# Defining the base page with details about company details.
base_url   =   "https://www.fundamentus.com.br/detalhes.php?
papel="
# Extracting the name of each company.
name   = list(df["Papel"])
comercial = list(df["Nome Comercial"])
# Final dataframe with only the relevant information from each com-
pany
dt = pd.DataFrame(columns=['Nome', 'Sigla', 'Div. Yield'])
# Loop to read the data of each company.
for i in range(0,len(name)):
 # Forming the name of the page of each company.
 filename = base_url+str(name[i])
 #filename
 # Reading information of company data
 #juntamos tudo com a requests
 r = requests.get(filename, headers=header)
 #E finalmente usamos a função read_html do pandas
 dr = pd.read_html(r.text)
 # Reading the Yield of a Company.
 print("Reading the data of " + name[i])
 # Verifying if the table 2 exists.
 if(len(dr) > 1):
  tab = dr[2]
  # Verifying if the element [8,3] exists in table 2 exists.
  m,n = tab.shape
  if(m > 7):
   if(n > 2):
    yi = tab.iloc[8,3]
    dt.loc[i] = [comercial[i], name[i], yi]
   else:
    dt.loc[i] = [comercial[i], name[i], 0.0]
  else:
   dt.loc[i] = [comercial[i], name[i], 0.0]
 else:
```

```
dt.loc[i] = [comercial[i], name[i], 0.0]

dt
```

**Resultados**

Reading the data of AALR3
Reading the data of ABCB3

...

Reading the data of WMBY3
Reading the data of WSON33
Reading the data of YDUQ3

	Nome	Sigla	Div. Yield
0	ALLIAR	AALR3	0,8%
1	ABC Brasil	ABCB3	0,0%
2	ABC Brasil	ABCB4	3,4%
3	AMBEV S/A	ABEV3	3,3%
4	SOMOS EDUCA	ABRE3	0
...	...		...
912	WLM	WLMM3	1,5%
913	WLM	WLMM4	1,9%
914	WEMBLEY SOCIEDADE ANÔNIMA	WMBY3	0,0%
915	Wilson Sons	WSON33	2,7%
916	YDUQS PART	YDUQ3	1,5%

917 rows × 3 columns

Após a obtenção da tabela **dt** deseja-se obter outra tabela **dts** que apresente a ordenação das empresas em ordem decrescente do valor de '**Div. Yield**'.

Para tanto, deve-se remover o símbolo % e trocar o símbolo ',' por '.'. Além disso, o conteúdo na coluna 'Div. Yield' deve ser convertido para um valor numérico.

Por último, apenas os trinta primeiros valores deverão ser exibidos.

Prática

```
# Sort: https://datatofish.com/sort-pandas-dataframe/
# All string in data frame: https://stackoverflow.com/
questions/46406720/labelencoder-typeerror-not-supported-between-
instances-of-float-and-str
dts = dt.astype(str)
dts['Div. Yield'] = dts['Div. Yield'].str.replace('%', '')
dts['Div. Yield'] = dts['Div. Yield'].str.replace('.', '')
dts['Div. Yield'] = dts['Div. Yield'].str.replace(',', '.')
dts['Div. Yield'] = dts['Div. Yield'].astype(float)
dts.sort_values(by=['Div. Yield'], inplace=True, ascending=False)
dts.head(30)
```

**Resultados**

	Nome	Sigla	Div. Yield
354	EMAE	EMAE4	1293.8
850	TARPON INV	TRPN3	104.7
556	MINASMÁQUINAS S/A	MMAQ4	79.8
256	CR2	CRDE3	66.6
133	Patagonia	BPAT33	35.7
218	COMPANHIA DE GÁS DE SÃO PAULO - COMGÁS	CGAS5	15.9
217	COMPANHIA DE GÁS DE SÃO PAULO - COMGÁS	CGAS3	15.1
80	BBSEGURIDADE	BBSE3	14.8
908	WHIRLPOOL S.A.	WHRL4	13.3
907	WHIRLPOOL S.A.	WHRL3	12.9
664	QUALICORP	QUAL3	12.4
356	ENAUTA PART	ENAT3	11.0
169	BRB	BSLI4	10.4
863	UNICASA	UCAS3	10.1
75	BANCO DA AMAZONIA S.A.	BAZA3	9.7
716	SANTANDER	SANB4	9.1
714	SANTANDER	SANB11	9.0
849	TRANSMISSÃO PAULISTA	TRPL4	8.9
699	ROMI	ROMI3	8.9
132	BANPARA S.A.	BPAR3	8.9
715	SANTANDER	SANB3	8.7
477	ITAUSA	ITSA4	8.3
779	TAESA	TAEE3	8.2
778	TAESA	TAEE11	8.2
780	TAESA	TAEE4	8.2
478	ITAUUNIBANCO	ITUB3	8.1
155	BR MALLS PARTICIPAÇÕES S/A	BRML3	8.0
418	DUKE ENERGY INT.GERAÇÃO PARANAPANEMA SA	GEPA3	7.9
78	BANCO BRADESCO S.A.	BBDC4	7.6
479	ITAUUNIBANCO	ITUB4	7.6

CAPÍTULO 10: PROJETO 3 – CONSTRUÇÃO DE MAPAS A PARTIR DE DADOS DE SITES

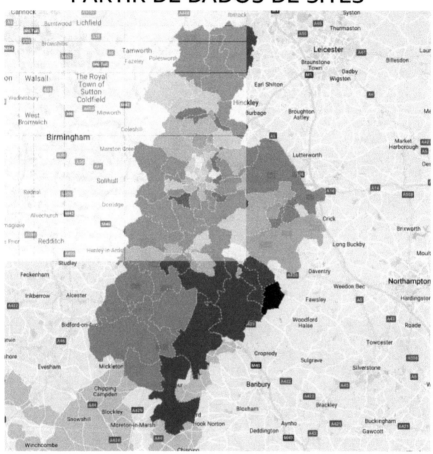

Playlist das vídeo-aulas com as explICações dos códigos deste Capítulo

https://bit.ly/3jeC1LA

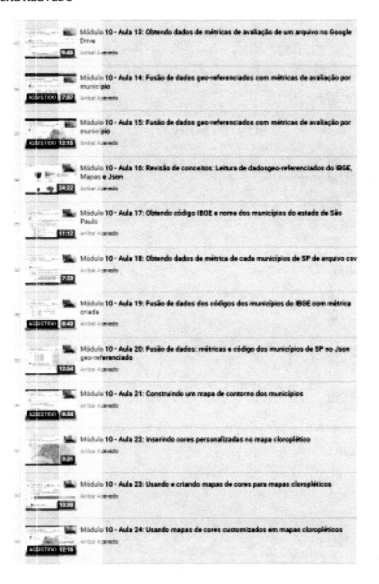

Módulo 10 - Aula 13: Obtendo dados de métricas de avaliação de um arquivo no Google Drive
Anibal Azevedo

Módulo 10 - Aula 14: Fusão de dados geo-referenciados com métricas de avaliação por município
Anibal Azevedo

Módulo 10 - Aula 15: Fusão de dados geo-referenciados com métricas de avaliação por município
Anibal Azevedo

Módulo 10 - Aula 16: Revisão de conceitos: Leitura de dados geo-referenciados do IBGE, Mapas e Json
Anibal Azevedo

Módulo 10 - Aula 17: Obtendo código IBGE e nome dos municípios do estado de São Paulo
Anibal Azevedo

Módulo 10 - Aula 18: Obtendo dados de métrica de cada municípios de SP de arquivo csv
Anibal Azevedo

Módulo 10 - Aula 19: Fusão de dados dos códigos dos municípios do IBGE com métrica criada
Anibal Azevedo

Módulo 10 - Aula 20: Fusão de dados: métricas e código dos municípios de SP no Json geo-referenciado
Anibal Azevedo

Módulo 10 - Aula 21: Construindo um mapa de contorno dos municípios
Anibal Azevedo

Módulo 10 - Aula 22: Inserindo cores personalizadas no mapa cloroplético
Anibal Azevedo

Módulo 10 - Aula 23: Usando e criando mapas de cores para mapas cloropléticos
Anibal Azevedo

Módulo 10 - Aula 24: Usando mapas de cores customizados em mapas cloropléticos
Anibal Azevedo

Roteiro do Projeto 3 - Aprendendo a construir mapas

Este projeto irá ensinar a conjugar 4 importantes habilidades para a construção de mapas:

Leitura de dados:
- De arquivos na internet;
- De páginas da internet; e
- De arquivos locais.

Uso da biblioteca Pandas nos dados para:
- Tratamento;
- Filtragem; e
- Reorganização.

Uso da biblioteca Folium para a construção de mapas com:
- Pontos;
- Contorno dos municípios.

Fusão de dados com incorporação de características nas unidades georeferenciadas nos mapas:
- Por pontos;
- Por contorno.

1. Mapas georeferenciados com pontos coloridos para os municípios do Estado de São Paulo

Os passos da leitura de dados para a construção de mapas com pontos das capitais de cada município é dado a seguir.

1.1. Obtendo dados de um arquivo na internet

Nesta seção são utilizados comandos para realizar a leitura do conteúdo de um arquivo no **formato csv** que está em uma página da internet. Depois da leitura, os dados obtidos são transformados em um formato de **DataFrame** do **Pandas**.

 **Prática**

```python
import pandas as pd
import io
import requests

url = 'https://github.com/kelvins/Municipios-Brasileiros/blob/
master/csv/municipios.csv'

# Executando protocolo para a requisição de dados contidos em um
arquivo .csv na internet.
s=requests.get(url).content
file_name = io.StringIO(s.decode('utf-8'))
d = pd.read_html(file_name)
d
```

 **Resultados**

```
[      Unnamed: 0  codigo_ibge  ...  capital  codigo_uf
0              NaN      5200050  ...        0         52
1              NaN      3100104  ...        0         31
2              NaN      5200100  ...        0         52
3              NaN      3100203  ...        0         31
4              NaN      1500107  ...        0         15
...            ...          ...  ...      ...        ...
5565           NaN      2933604  ...        0         29
5566           NaN      2517407  ...        0         25
5567           NaN      3557154  ...        0         35
5568           NaN      2114007  ...        0         21
5569           NaN      4219853  ...        0         42

[5570 rows x 7 columns]]
```

1.2. Obtenção do DataFrame

Para obter os dados contidos na variável em formato de **DataFrame** usa-se o comando apropriado.

Prática

```
df = d[0]
df
```

Resultados

	Unnamed: 0	codigo_ibge	nome	latitude	longitude	capital	codigo_uf
0	NaN	5200050	Abadia de Goiás	-16.75730	-49.4412	0	52
1	NaN	3100104	Abadia dos Dourados	-18.48310	-47.3916	0	31
2	NaN	5200100	Abadiânia	-16.19700	-48.7057	0	52
3	NaN	3100203	Abaeté	-19.15510	-45.4444	0	31
4	NaN	1500107	Abaetetuba	-1.72183	-48.8788	0	15
...	...	...	...	...	...	...	...
5565	NaN	2933604	Xique-Xique	-10.82300	-42.7245	0	29
5566	NaN	2517407	Zabelê	-8.07901	-37.1057	0	25
5567	NaN	3557154	Zacarias	-21.05060	-50.0552	0	35
5568	NaN	2114007	Zé Doca	-3.27014	-45.6553	0	21
5569	NaN	4219853	Zortéa	-27.45210	-51.5520	0	42

5570 rows × 7 columns

1.3. Tratamento dos dados - substituição

Os dados obtidos são copiados em outra variável para troca de dados-numéricos lidos incorretamente (**NaN**) por valores válidos, isto é, zero.

Prática

```
df1 = df.copy()
# Fill all NaN values with 0
df1.iloc[:,0] = df1.iloc[:,0].fillna(0)
df1
```

Resultados

	Unnamed: 0	codigo_ibge	nome	latitude	longitude	capital	codigo_uf
0	0.0	5200050	Abadia de Goiás	-16.75730	-49.4412	0	52
1	0.0	3100104	Abadia dos Dourados	-18.48310	-47.3916	0	31
2	0.0	5200100	Abadiânia	-16.19700	-48.7057	0	52
3	0.0	3100203	Abaeté	-19.15510	-45.4444	0	31
4	0.0	1500107	Abaetetuba	-1.72183	-48.8788	0	15
...	...	...	...	...	...	...	...
5565	0.0	2933604	Xique-Xique	-10.82300	-42.7245	0	29
5566	0.0	2517407	Zabelê	-8.07901	-37.1057	0	25
5567	0.0	3557154	Zacarias	-21.05060	-50.0552	0	35
5568	0.0	2114007	Zé Doca	-3.27014	-45.6553	0	21
5569	0.0	4219853	Zortéa	-27.45210	-51.5520	0	42

5570 rows × 7 columns

1.4. Tratamento dos dados - eliminação

Para a adequada eliminação de dados com valores numéricos lidos incorretamente (**NaN**) é possível empregar o comando **dropna()**. Porém, eliminando colunas com **NaN**, e esse comando só pode ser aplicado para linhas de um DataFrame. Assim, foi necessário empregar antes o comando **transpose()** para transformar colunas em linhas e só então aplicar o comando **dropna()**. O passo seguinte é aplicar o comando **dropna()** novamente para que o formato original de colunas do DataFrame seja mantido.

 **Prática**

```
# READ: https://datatofish.com/dropna/
df2 = df.copy()
df2 = df2.transpose()
# Fill eliminating lines with NaN values.
df2 = df2.dropna()
df2 = df2.transpose()
df2
```

 **Resultados**

	codigo_ibge	nome	latitude	longitude	capital	codigo_uf
0	5200050	Abadia de Goiás	-16.7573	-49.4412	0	52
1	3100104	Abadia dos Dourados	-18.4831	-47.3916	0	31
2	5200100	Abadiânia	-16.197	-48.7057	0	52
3	3100203	Abaeté	-19.1551	-45.4444	0	31
4	1500107	Abaetetuba	-1.72183	-48.8788	0	15
...	...	...	...	...	...	...
5565	2933604	Xique-Xique	-10.823	-42.7245	0	29
5566	2517407	Zabelê	-8.07901	-37.1057	0	25
5567	3557154	Zacarias	-21.0506	-50.0552	0	35
5568	2114007	Zé Doca	-3.27014	-45.6553	0	21
5569	4219853	Zortéa	-27.4521	-51.552	0	42

5570 rows × 6 columns

1.5. Obtenção nomes das colunas

É possível selecionar os dados de colunas específicas sabendo-se o nome das mesmas. Para tanto, o comando **ravel()** será aplicado.

 **Prática**

```
print(df2.columns.ravel())
```

 **Resultados**

['codigo_ibge' 'nome' 'latitude' 'longitude' 'capital' 'codigo_uf']

1.6. Selecionar dados - linhas

Para selecionar apenas as linhas do **DataFrame** tais possuem um determinado valor em uma coluna específica é possível empregar o comando **loc()**. No caso a seguir, a coluna (campo) **codigo_uf** com valor **35** seleciona apenas os municípios do estados de São Paulo.

Prática
print(**df2.loc[df['**codigo_uf**']** == 35])

Resultados

```
       codigo_ibge                    nome latitude longitude capital codigo_uf
30        3500105              Adamantina  -21.682  -51.0737       0        35
32        3500204                  Adolfo -21.2325  -49.6451       0        35
62        3500303                   Aguai -22.0572  -46.9735       0        35
65        3500402          Aguas da Prata -21.9319  -46.7176       0        35
67        3500501        Aguas de Lindoia -22.4733  -46.6314       0        35
...           ...                     ...      ...       ...     ...       ...
5528      3558909  Vista Alegre do Alto -21.1692  -48.6284       0        35
5534      3556958          Vitoria Brasil -20.1956  -50.4875       0        35
5545      3557006              Votorantim -23.5446  -47.4388       0        35
5546      3557105             Votuporanga -20.4237  -49.9781       0        35
5567      3557154                Zacarias -21.0506  -50.0552       0        35

[645 rows x 6 columns]
```

283

1.7. Selecionar dados - linhas e colunas

O comando **loc()** também pode selecionar dados de linhas e colunas que atendam um determinado critério. No caso deseja-se selecionar as linhas que tenham o campo (coluna) **código_uf** com valor **35** e as colunas com informações dos campos **nome**, **latitude** e **longitude**.

1.8. Criando um mapa

A partir dos dados selecionados e salvos na variável **df3**, isto é, os dados dos campos (colunas) **latitude**, **longitude**, e **nome** é possível desenhar pontos para cada município.

Prática

```python
import folium
locations = df3[['latitude', 'longitude']]
locationlist = locations.values.tolist()
map      =      folium.Map(location=[-22.7864889,-50.6786708],
zoom_start=7)
# I can add marker one by one on the map
for i in range(0,len(df3)):
  pop = str(df3.iloc[i]['nome'])
  pop = pop.encode("latin1")
    folium.Marker([df3.iloc[i]['latitude'],  df3.iloc[i]['longitude']],
popup=pop).add_to(map)

map
```

Resultados

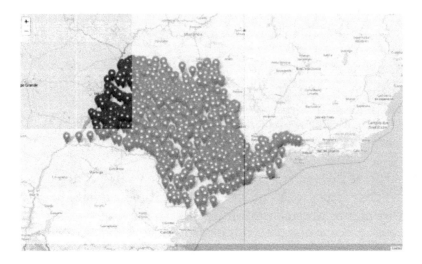

1.9. Criando agrupamentos no Mapa

Quando um mapa tem muitos pontos é possível acionar o comando **markercluster** para realizar a criação automática de agrupamentos no mapa.

 Prática

```
import folium
from folium.plugins import MarkerCluster
# Tente: tiles="OpenStreetMap" ou tiles='Stamen Toner'
map = folium.Map(location=[-22.7864889,-50.6786708], tiles = 'cartodbdark_matter', zoom_start=7)
mc = MarkerCluster()
# https://python-graph-gallery.com/312-add-markers-on-folium-map/
for i in range(0,len(df3)):
  pop = str(df3.iloc[i]['nome'])
  pop = pop.encode("latin1")
  mc.add_child(folium.CircleMarker([df3.iloc[i]['latitude'], df3.iloc[i]['longitude']], radius = 5, popup=pop, color='#3186cc', fill = True, fill_color='#3186cc'))
mc.add_to(map)
map
```

**Resultados**

287

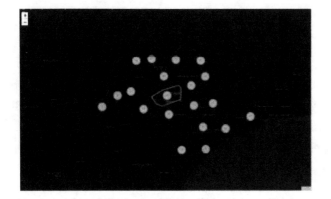

1.10. Criando grupos por valor e cor

É possível agrupar os dados por classes que satisfaçam determinados critérios de valores ao invés de apenas o critério geográfico. Para tanto, é necessário usar os comandos:

1. **FeatureGroup** para criar grupos aos quais os pontos serão adicionados;

2. **if** para selecionar cores e raios diferentes para cada elemento de um grupo;

3. **add_child** para adicionar dados em um grupo e os grupos no mapa.

 **Prática**

```
import folium
from folium.plugins import MarkerCluster
map = folium.Map(location=[-22.7864889,-50.6786708], tiles = 'OpenStreetMap', zoom_start=7)
fg1 = folium.FeatureGroup(name = "Municipios A")
fg2 = folium.FeatureGroup(name = "Municipios B")
fg3 = folium.FeatureGroup(name = "Municipios Outros")
for i in range(0,len(df3)):
  pop = str(df3.iloc[i]['nome'])
  pop = pop.encode("latin1")
  if i <= 200:
      fg1.add_child(folium.CircleMarker([df3.iloc[i]['latitude'], df3.i-loc[i]['longitude']], radius = 5, popup=pop, color='#3186cc', fill = True, fill_color='#3186cc'))
  elif i <= 400:
      fg2.add_child(folium.CircleMarker([df3.iloc[i]['latitude'], df3.i-loc[i]['longitude']], radius = 6, popup=pop, color='#EAD300', fill = True, fill_color='#EAD300'))
  else:
      fg3.add_child(folium.CircleMarker([df3.iloc[i]['latitude'], df3.i-loc[i]['longitude']], radius = 7, popup=pop, color='#FF011F', fill = True, fill_color='#FF011F'))
```

```
map.add_child(fg1)
map.add_child(fg2)
map.add_child(fg3)
map.add_child(folium.LayerControl())
map
```

**Resultados**

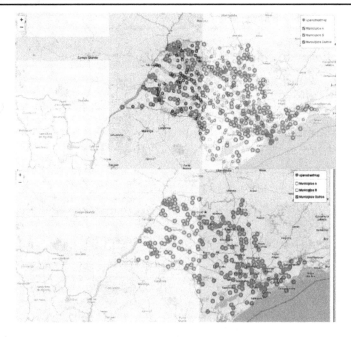

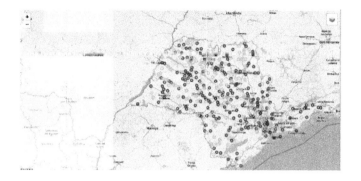

2. Mapa cloroplético com contorno dos estados dos EUA

Os passos de leitura de dados e construção de um mapa cloroplético com dados de emprego dos EUA são dados nas subseções dadas a seguir.

2.1. Mapa cloroplético com índice de desemprego dos EUA

Para construir mapas cloropléticos 2 tipos de informações são necessárias:

1. **Arquivo com as informações de contorno das unidades georeferenciadas**: As unidades georeferenciadas devem estar devidamente indexadas através de siglas em um campo **"id"**. Deve conter também as informações para formar o polígono associado à região de contorno sob o nome de **"geometry"**: {**"type":"Polygon"**};

2. **Arquivo com a característica a ser associada a cada unidade georeferenciada**: deve ter uma indexação por meio de um campo (**sigla**) cujos valores são idênticos aqueles fornecidos para o **id** dos dados do arquivo com as informações de contorno. Além disso, para cada **id** será associada à informação que se pretende desenhar no **mapa**.

 **Prática**

```
import pandas as pd
import folium
url = 'https://raw.githubusercontent.com/python-visualization/
folium/master/examples/data'
state_geo = f'{url}/us-states.json'
state_geo
```

Resultados

'https://raw.githubusercontent.com/python-visualization/folium/master/examples/data/us-states.json'

Prática

```
state_unemployment = f'{url}/US_Unemployment_Oct2012.csv'
state_data = pd.read_csv(state_unemployment)
state_data
```

Resultados

	State	Unemployment
0	AL	7.1
1	AK	6.8
2	AZ	8.1
3	AR	7.2
4	CA	10.1
5	CO	7.7
6	CT	8.4
7	DE	7.1
8	FL	8.2
9	GA	8.8
10	HI	5.4
11	ID	6.6
12	IL	8.8

2.2. Unindo dados

A informação com os contornos das unidades georefenciadas está em **state_geo** e os dados de indicadores que serão associados a escala de cores está em **state_data**. A informação lida de **state_geo** é a informação no campo **id** (definido com o comando **key_on = 'feature.id'**). As colunas **'state'** e **'Unemployment'** das colunas do arquivo **state_data** (definido com o comando **data = state_data**) fornecem os dados para construir a escala de cores.

 Prática

```
m = folium.Map(location=[48, -102], zoom_start=3)

folium.Choropleth(
  geo_data=state_geo,
  name='choropleth',
  data=state_data,
  columns=['State', 'Unemployment'],
  key_on='feature.id',
  fill_color='YlGn',
  fill_opacity=0.7,
  line_opacity=0.2,
  legend_name='Unemployment Rate (%)'
```

```
).add_to(m)

folium.LayerControl().add_to(m)
m
```

**Resultados**

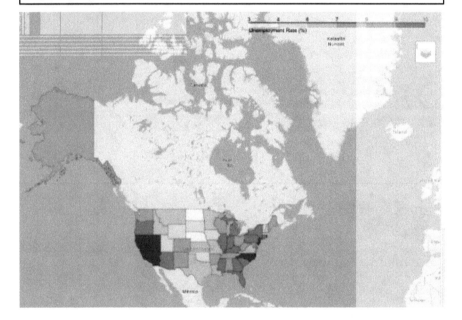

3. Mapa cloroplético dos municípios do Estado de São Paulo

Os passos da leitura de dados para a construção de mapas com os contornos de cada município são dados nas subseções subsequentes.

3.1. Criando um mapa com contornos

É possível gerar um mapa com os contornos dos municípios do Estado de São Paulo a partir dos dados obtidos diretamente do site do IBGE.

Prática

```python
import folium
import requests
mapa_saopaulo       =       folium.Map(location=[-22.7864889,-50.6786708],zoom_start=7,
          tiles='Stamen Terrain')
headers = {
  'Content-Type': 'application/json;charset=UTF-8',
  'User-Agent': 'google-colab',
  'Accept': 'application/json, text/plain, */*',
  'Accept-Encoding': 'gzip, deflate, br',
  'Accept-Language': 'pt-BR,pt;q=0.9,en-US;q=0.8,en;q=0.7',
  'Connection': 'keep-alive',
}
municipios_jsons = requests.get("https://servicodados.ibge.gov-.br/api/v2/malhas/35/?formato=application/vnd.geo+json&resolucao=5",
          headers=headers)


municipios_json = municipios_jsons.json()


municipios_json
```

**Resultados**

{'crs': {'properties': {'name': 'urn:ogc:def:crs:EPSG::4674'}, 'type': 'name'},
 'features': [{'geometry': {'coordinates': [[[[-51.86, -21.5807],
        [-51.8427, -21.6122],
        [-51.864, -21.6705],
        [-51.8831, -21.6871],
        [-51.8993, -21.7206],
        [-51.9007, -21.7359],
        [-51.8878, -21.7635],
        [-51.9, -21.78],
        [-51.9134, -21.8201],
        [-51.9337, -21.8278],
        [-51.9473, -21.8563],
        [-51.9634, -21.9064],
        [-52.0028, -21.9123],
        [-52.0249, -21.9391],
        [-52.023, -21.9486],
        [-52.032, -21.9878],
        [-52.0275, -22.0037],
        [-52.0384, -22.0269],
        [-52.0303, -22.048],
        [-52.0557, -22.0333],
        [-52.0674, -22.0088],
        [-52.0883, -21.9874],
        [-52.1105, -21.9811],
        [-52.1439, -21.9984],
        [-52.1255, -21.8757],
        [-52.1105, -21.8803],
        [-52.0914, -21.8639],
        [-52.0669, -21.8294],
        [-52.0154, -21.8016],
        [-51.9775, -21.7669],
        [-51.941, -21.547],
        [-51.8825, -21.5764],
        [-51.86, -21.5807]]]],
      'type': 'MultiPolygon'},
     'properties': {'centroide': [-51.986924330008144, -21.801641934836873],
      'codarea': '3509106'},
     'type': 'feature'},
    {'geometry': {'coordinates': [[[[-51.4193, -20.681],
        [-51.4243, -20.7123],
        [-51.4359, -20.7231],
        [-51.4481, -20.7706],
        [-51.4517, -20.8908],
        [-51.4681, -20.9094],
        [-51.4652, -20.9238],
        [-51.4787, -20.9579],
        [-51.4855, -20.9962],
        [-51.4816, -21.0361],
        [-51.4755, -21.0497],
        [-51.5122, -21.0667],
        [-51.5106, -21.0797],
        [-51.5348, -21.0953],
        [-51.5721, -21.0953],
        [-51.5912, -21.0871],
        [-51.6196, -21.1268],
        [-51.6397, -21.1451],
        [-51.64, -21.1632],
        [-51.6587, -21.1695],
        [-51.6819, -21.1491],
        [-51.6948, -21.1318],
        [-51.6881, -21.1219],

3.2. Desenhando com os dados

Através do comando **GeoJson** é possível adicionar os dados de contorno contidos na variável **municipios_json** para a variável de mapa **mapa_saopaulo**.

Prática

folium.GeoJson(municipios_json).add_to(mapa_saopaulo)
mapa_saopaulo

**Resultados**

3.3. Leitura de campos do arquivo JSON

É possível ler e imprimir os valores contidos em campos do arquivo JSON.

Prática

```
# Obtendo o código IBGE de cada área.
for municipio in municipios_json['features']:
 codarea  = municipio['properties']['codarea']
 centroide = municipio['properties']['centroide']
 #print(codarea)
  print("Codearea = " + str(codarea) + " *** Centroide = " + str(
centroide))
```

Resultados

```
Codearea - 3509106 *** Centroide = [-51.986924330008144, -21.801641934836873]
Codearea - 3511003 *** Centroide = [-51.56988568571923, -20.897844888435934]
Codearea - 3514403 *** Centroide = [-51.58785135853323, -21.557007875100044]
Codearea - 3515301 *** Centroide = [-51.66888718514091, -22.485264944563717]
Codearea - 3515350 *** Centroide = [-52.58848552696394, -22.518882803757524]
Codearea - 3528700 *** Centroide = [-52.05624737154425, -22.127958031766113]
Codearea - 3530201 *** Centroide = [-51.9979187887024, -22.349851041904877]
Codearea - 3531605 *** Centroide = [-51.57170733343531, -21.255154770226902]
Codearea - 3532207 *** Centroide = [-51.52237321973675, -22.563409602941032]
Codearea - 3533106 *** Centroide = [-51.647001391035744, -21.322620739771356]
Codearea - 3534807 *** Centroide = [-51.73748963989459, -21.910474533588525]
Codearea - 3535408 *** Centroide = [-51.8576960719842, -21.463725329983]
Codearea - 3536406 *** Centroide = [-51.79076688912493, -21.198438232668295]
Codearea - 3538303 *** Centroide = [-51.73192826917589, -21.853449694023695]
Codearea - 3541208 *** Centroide = [-51.619752942177264, -22.106612645506647]
Codearea - 3541307 *** Centroide = [-52.175141431278824, -21.91104912667992]
Codearea - 3541505 *** Centroide = [-51.83825808604914, -21.79302706879590]
Codearea - 3543238 *** Centroide = [-51.58284524768431, -21.783706771816753]
Codearea - 3544251 *** Centroide = [-52.83683608214321, -22.48931655193573]
Codearea - 3545506 *** Centroide = [-51.84212130508302, -22.4777984694666]
Codearea - 3547106 *** Centroide = [-51.73737344134425, -21.316464761555146]
Codearea - 3547700 *** Centroide = [-51.72196110891253, -22.037514800107697]
```

4. Fusão de dados - Mapa de Calor

Os passos da leitura de dados para a construção de mapas com pontos das capitais e obtenção de um mapa de calor em acordo com o valor de uma determinada característica são fornecidos nas subseções seguintes.

4.1. Obtendo dados de um arquivo na internet

Nesta seção são utilizados comandos para realizar a leitura do conteúdo de um arquivo no **formato csv** que está em uma página da **internet**. Depois da leitura, os dados obtidos são transformados em um **formato** de **DataFrame** do **Pandas**.

Prática

```
import pandas as pd
import io
import requests
url = 'https://github.com/kelvins/Municipios-Brasileiros/blob/master/csv/municipios.csv'
# Executando protocolo para a requisição de dados contidos em um arquivo .csv na internet.
s=requests.get(url).content
file_name = io.StringIO(s.decode('utf-8'))
d = pd.read_html(file_name)
d
```

Resultados

```
[      Unnamed: 0  codigo_ibge  ...  capital  codigo_uf
0             NaN      5200050   ...        0         52
1             NaN      3100104   ...        0         31
2             NaN      5200100   ...        0         52
3             NaN      3100203   ...        0         31
4             NaN      1500107   ...        0         15
...           ...          ...   ...      ...        ...
5565          NaN      2933604   ...        0         29
5566          NaN      2517407   ...        0         25
5567          NaN      3557154   ...        0         35
5568          NaN      2114007   ...        0         21
5569          NaN      4219853   ...        0         42

[5570 rows x 7 columns]]
```

4.2. Obtenção do DataFrame

Para obter os dados contidos na variável em formato de DataFrame usa-se o comando apropriado.

Prática

```
df = d[0]
df
```

Resultados

	Unnamed: 0	codigo_ibge	nome	latitude	longitude	capital	codigo_uf
0	NaN	5200050	Abadia de Goiás	-16.75730	-49.4412	0	52
1	NaN	3100104	Abadia dos Dourados	-18.48310	-47.3916	0	31
2	NaN	5200100	Abadiânia	-16.19700	-48.7057	0	52
3	NaN	3100203	Abaeté	-19.15510	-45.4444	0	31
4	NaN	1500107	Abaetetuba	-1.72183	-48.8788	0	15
...	...	...	...	...	...	...	...
5565	NaN	2933604	Xique-Xique	-10.82300	-42.7245	0	29
5566	NaN	2517407	Zabelê	-8.07901	-37.1057	0	25
5567	NaN	3557154	Zacarias	-21.05060	-50.0552	0	35
5568	NaN	2114007	Zé Doca	-3.27014	-45.6553	0	21
5569	NaN	4219853	Zortéa	-27.45210	-51.5520	0	42

5570 rows × 7 columns

4.3. Tratamento dos dados - substituição

Os dados obtidos são copiados em outra variável para troca de dados numéricos lidos incorretamente (**NaN**) por valores válidos, isto é, zero.

Prática

```
df1 = df.copy()
# Fill all NaN values with 0
df1.iloc[:,0] = df1.iloc[:,0].fillna(0)
df1
```

Resultados

	unnamed: 0	codigo_ibge	nome	latitude	longitude	capital	codigo_uf
0	0.0	5200050	Abadia de Goiás	-16.75730	-49.4412	0	52
1	0.0	3100104	Abadia dos Dourados	-18.48310	47.3916	0	31
2	0.0	5200100	Abadiânia	-16.19700	-48.7057	0	52
3	0.0	3100203	Abaeté	-19.15510	-45.4444	0	31
4	0.0	1500107	Abaetetuba	-1.72183	-48.8788	0	15
...	...	...	...	...	...	...	...
5565	0.0	2933604	Xique-Xique	-10.82300	-42.7245	0	29
5566	0.0	2517407	Zabelê	-8.07901	-37.1057	0	25
5567	0.0	3557154	Zacarias	-21.05060	-50.0552	0	35
5568	0.0	2114007	Zé Doca	-3.27014	-45.6553	0	21
5569	0.0	4219853	Zortéa	-27.45210	-51.5520	0	42

5570 rows × 7 columns

4.4. Tratamento dos dados - eliminação

Para a adequada eliminação de dados com valores numéricos lidos incorretamente (**NaN**) é possível empregar o comando **dropna()**. Porém, deseja-se **eliminar colunas** com **NaN**, e esse comando só pode ser aplicado para linhas de um **DataFrame**. Assim, foi necessário empregar antes o comando **transpose()** para transformar colunas em linhas e só então aplicar o comando **dropna()**. O passo seguinte é aplicar o comando **dropna()** novamente para que o formato original de colunas do **DataFrame** seja mantido.

 **Prática**

```
df2 = df.copy()
df2 = df2.transpose()
# Fill eliminating lines with NaN values.
df2 = df2.dropna()
df2 = df2.transpose()
df2
```

**Resultados**

	codigo_ibge	nome	latitude	longitude	capital	codigo_uf
0	5200050	Abadia de Goiás	-16.7573	-49.4412	0	52
1	3100104	Abadia dos Dourados	-18.4831	-47.2916	0	31
2	5200100	Abadiânia	-16.197	-48.7057	0	52
3	3100203	Abaeté	-19.1551	-45.4444	0	31
4	1500107	Abaetetuba	-1.72183	-48.8788	0	15
...	...	...	...	...	...	...
5565	2933604	Xique-Xique	-10.823	-42.7245	0	29
5566	2517407	Zabelê	-8.07901	-37.1057	0	25
5567	3557154	Zacarias	-21.0506	-50.0552	0	35
5568	2114007	Zé Doca	-3.27014	-45.6553	0	21
5569	4219853	Zortéa	-27.4521	-51.552	0	42

5570 rows × 6 columns

4.5. Obtenção nomes das colunas

É possível selecionar os dados de colunas específicas sabendo-se o nome das mesmas. Para tanto, o comando **ravel()** será aplicado.

Prática

print(df2.columns.ravel())

Resultados

['codigo_ibge' 'nome' 'latitude' 'longitude' 'capital' 'codigo_uf']

4.6. Selecionar dados - linhas

Para selecionar apenas as linhas do **DataFrame** tais possuem um determinado valor em uma coluna específica é possível empregar o comando **loc()**. No caso a seguir, a coluna (campo) **codigo_uf** com valor **35** seleciona apenas os municípios do estado de São Paulo.

 **Prática**

```
print(df2.loc[df['codigo_uf'] == 35])
```

 **Resultados**

```
      codigo_ibge                 nome  latitude  longitude  capital  codigo_uf
30        3500105           Adamantina   -21.682   -51.0737        0         35
32        3500204               Adolfo   -21.2325  -49.6451        0         35
62        3500303                 Aguaí  -22.0572  -46.9735        0         35
65        3500402        Aguas da Prata -21.9319   -46.7176        0         35
67        3500501     Aguas de Lindóia  -22.4733  -46.6314        0         35
...           ...                   ...       ...        ...      ...        ...
5528      3556909  Vista Alegre do Alto -21.1692  -48.6284        0         35
5534      3556958        Vitória Brasil -20.1956  -50.4875        0         35
5545      3557006            Votorantim -23.5446  -47.4388        0         35
5546      3557105            Votuporanga -20.4237 -49.9781        0         35
5567      3557154              Zacarias -21.0586   -50.0552        0         35

[645 rows x 6 columns]
```

313

4.7. Selecionar dados - linhas e colunas

O comando **loc()** também pode selecionar dados de linhas e colunas que atendam um determinado critério. No caso deseja-se selecionar as **linhas** que tenham o campo (**coluna**) **código_uf** com valor **35** e as colunas com informações dos campos **nome, latitude** e **longitude**.

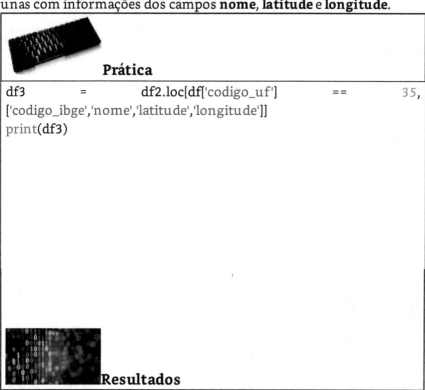

Prática

```
df3 = df2.loc[df['codigo_uf'] == 35,
['codigo_ibge','nome','latitude','longitude']]
print(df3)
```

Resultados

```
      codigo_ibge                   nome  latitude  longitude
30       3500105            Adamantina   -21.682    -51.0737
32       3500204                Adolfo  -21.2325    -49.6451
62       3500303                 Aguaí  -22.0572    -46.9735
65       3500402        Águas da Prata  -21.9319    -46.7176
67       3500501     Águas de Lindóia   -22.4733    -46.6314
...          ...                   ...       ...         ...
5528     3556909  Vista Alegre do Alto  -21.1692    -48.6284
5534     3556958        Vitória Brasil  -20.1956    -50.4875
5545     3557006            Votorantim  -23.5446    -47.4388
5546     3557105           Votuporanga  -20.4237    -49.9781
5567     3557154              Zacarias  -21.0506    -50.0552

[645 rows x 4 columns]
```

315

4.8. Realizando a leitura de dados de arquivo no Google Drive

Extraindo dados que não existem na base de dados do IBGE e que estão em um arquivo no Google Drive com permissão de visualização autorizada.

Prática

```
url_sebrae_isdel = 'https://drive.google.com/uc?export=down-
load&id=11bq3rP3jCU9j-FA3abbUUhcjgWHuehiD'
sebrae_isdel    =pd.read_csv(url_sebrae_isdel,    encoding="latin-
1",sep=';',decimal=',')
sebrae_isdel
```

Resultados

	Cód_Município	Nome_Município	ISDEL
0	3500105.0	Adamantina	0.4285
1	3500204.0	Adolfo	0.3437
2	3500303.0	Aguaí	0.3327
3	3500709.0	Agudos	0.3943
4	3500758.0	Alambari	0.3491
...	...	...	...
971235	NaN	NaN	NaN
971236	NaN	NaN	NaN
971237	NaN	NaN	NaN
971238	NaN	NaN	NaN
971239	NaN	NaN	NaN

971240 rows × 3 columns

4.9. Eliminação de dados NaN

Após a leitura anterior dos dados houve um erro no qual várias linhas com dados inexistentes (NaN) foram adicionadas. O comando dado a seguir elimina essas linhas.

Prática

```
df = sebrae_isdel.dropna()
df.head()
```

Resultados

	Cód_Município	Nome_Município	ISDEL
0	3500105.0	Adamantina	0.4285
1	3500204.0	Adolfo	0.3437
2	3500303.0	Aguaí	0.3327
3	3500709.0	Agudos	0.3943
4	3500758.0	Alambari	0.3491

4.10. Verificando o nome das colunas
do Data Frame

Para trabalhar com os dados contidos no Data Frame é necessário saber o correto nome das colunas onde os mesmos estão armazenados.

Prática

print(df.columns.ravel())

Resultados

['Cod_Municipio' 'Nome_Municipio' ' ISDEL ']

4.11. Fusão de dados

Providenciando a fusão de dados entre a base que possui dados dos nomes e **ID** do **IBGE** com aquela que possui a características a ser analisada: **ISDEL**.

Prática

dfinal = df3.merge(df, left_on='codigo_ibge', right_on='Cód_Municipio')

dfinal

Resultados

	codigo_ibge	nome	latitude	longitude	Cód_Municipio	Nome_Municipio	ISDEL
0	3500105	Adamantina	-21.682	-51.0737	3500105.0	Adamantina	0.4285
1	3500204	Adolfo	-21.2323	-49.6451	3500204.0	Adolfo	0.3437
2	3500303	Aguaí	-22.0572	-46.9735	3500303.0	Aguaí	0.3327
3	3500402	Águas da Prata	-21.9319	-46.7176	3500402.0	Águas da Prata	0.3890
4	3500501	Águas de Lindóia	-22.4733	-46.6314	3500501.0	Águas de Lindóia	0.3825
...	...	...	...	...	...	...	...
640	3556909	Vista Alegre do Alto	-21.1692	-48.6284	3556909.0	Vista Alegre do Alto	0.3827
641	3556958	Vitória Brasil	-20.1956	-50.4875	3556958.0	Vitória Brasil	0.3148
642	3557006	Votorantim	-23.5446	-47.4388	3557006.0	Votorantim	0.4369
643	3557105	Votuporanga	-20.4237	-49.9781	3557105.0	Votuporanga	0.4599
644	3557154	Zacarias	-21.0506	-50.0552	3557154.0	Zacarias	0.3693

645 rows × 7 columns

Prática

```
print(dfinal.columns.ravel())
```

Resultados

```
['codigo_ibge' 'nome' 'latitude' 'longitude' 'Cód_Municipio'
 'Nome_Municipio' 'ISDEL']
```

4.12. Criando um mapa

A partir dos dados selecionados e salvos na variável **df3**, isto é, os dados dos campos (**colunas**) **latitude, longitude**, e **nome** é possível desenhar pontos para cada município. Vários métodos alternativos são mostrados, mas apenas 1 dos 3 possíveis foi utilizado (os outros estão comentados).

Prática

```
import folium
from folium.plugins import HeatMap
map       =       folium.Map(location=[-22.7864889,-50.6786708],
zoom_start=7)
totaldata = dfinal[['latitude', 'longitude', ' ISDEL ']].group-
by(['latitude', 'longitude']).sum().reset_index().values.tolist()
# Diferent gradient for heat map:
grad = {'0.2': 'Navy', '0.30': 'Blue', '0.35': 'Green', '0.45': 'Yellow','0.8':
'Red'}
HeatMap(totaldata,    radius=8,    gradient  =  grad,   max_zoom=
13).add_to(map)
map
```

Resultados

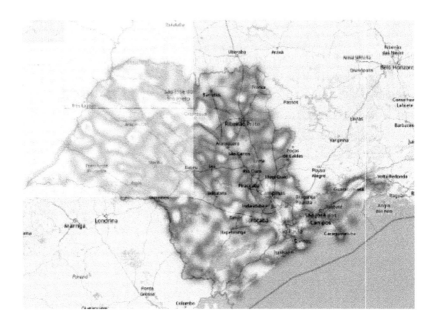

5. Fusão de dados - Mapa cloroplético

Os passos da leitura de dados para a construção de mapas de contorno de cada município com cores diferentes de acordo com o valor de uma determinada característica são fornecidos nas seções subsequentes.

5.1. Criando um mapa com contornos

É possível gerar um mapa com os contornos dos municípios do Estado de São Paulo a partir dos dados obtidos diretamente do site do IBGE.

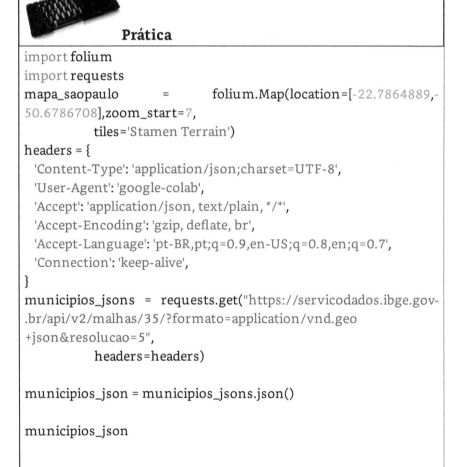

Prática

```
import folium
import requests
mapa_saopaulo        =        folium.Map(location=[-22.7864889,-
50.6786708],zoom_start=7,
         tiles='Stamen Terrain')
headers = {
  'Content-Type': 'application/json;charset=UTF-8',
  'User-Agent': 'google-colab',
  'Accept': 'application/json, text/plain, */*',
  'Accept-Encoding': 'gzip, deflate, br',
  'Accept-Language': 'pt-BR,pt;q=0.9,en-US;q=0.8,en;q=0.7',
  'Connection': 'keep-alive',
}
municipios_jsons = requests.get("https://servicodados.ibge.gov-
.br/api/v2/malhas/35/?formato=application/vnd.geo
+json&resolucao=5",
         headers=headers)

municipios_json = municipios_jsons.json()

municipios_json
```

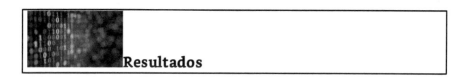
Resultados

{'crs': {'properties': {'name': 'urn:ogc:def:crs:EPSG::4674'}, 'type': 'name'},
 'features': [{'geometry': {'coordinates': [[[[-51.86, -21.5807],
      [-51.8417, -21.6122],
      [-51.864, -21.6705],
      [-51.8831, -21.6871],
      [-51.8993, -21.7106],
      [-51.9007, -21.7359],
      [-51.8878, -21.7635],
      [-51.9, -21.78],
      [-51.9134, -21.8201],
      [-51.9337, -21.8278],
      [-51.9471, -21.8563],
      [-51.9634, -21.9064],
      [-52.0028, -21.9123],
      [-52.0249, -21.9191],
      [-52.023, -21.9486],
      [-52.032, -21.9878],
      [-52.0279, -22.0037],
      [-52.0384, -22.0269],
      [-52.0303, -22.048],
      [-52.0557, -22.0333],
      [-52.0674, -22.0088],
      [-52.0883, -21.9874],
      [-52.1105, -21.9811],
      [-52.1439, -21.9984],
      [-52.1255, -21.8757],
      [-52.1105, -21.8803],
      [-52.0914, -21.8639],
      [-52.0669, -21.8294],
      [-52.0154, -21.8016],
      [-51.9775, -21.7669],
      [-51.941, -21.547],
      [-51.8825, -21.5764],
      [-51.86, -21.5807]]]],
    'type': 'MultiPolygon'},
   'properties': {'centroide': [-51.986924310008144, -21.801641934836873],
    'codarea': '3509106'},
   'type': 'feature'},
  {'geometry': {'coordinates': [[[[-51.4193, -20.681],
      [-51.4243, -20.7123],
      [-51.4359, -20.7231],
      [-51.4481, -20.7706],
      [-51.4517, -20.8908],
      [-51.4681, -20.9094],
      [-51.4652, -20.9238],
      [-51.4787, -20.9579],
      [-51.4655, -20.9962],
      [-51.4816, -21.0361],
      [-51.4755, -21.0497],
      [-51.5122, -21.0667],
      [-51.5106, -21.0797],
      [-51.5348, -21.0953],
      [-51.5721, -21.0953],
      [-51.5912, -21.0871],
      [-51.6196, -21.1268],
      [-51.6397, -21.1451],
      [-51.64, -21.1612],
      [-51.6587, -21.1695],
      [-51.6819, -21.1491],
      [-51.6948, -21.1318],
      [-51.6881, -21.1219],

5.2. Desenhando com os dados

Através do comando **GeoJson** é possível adicionar os dados de contorno contidos na variável **municipios_json** para a variável de mapa **mapa_saopaulo**.

Prática

```
folium.GeoJson(municipios_json).add_to(mapa_saopaulo)
mapa_saopaulo
```

Resultados

5.3. Leitura de campos do arquivo JSON

É possível ler e imprimir os valores contidos em campos do arquivo JSON.

 **Prática**

```
# Obtendo o código IBGE de cada área.
for municipio in municipios_json['features']:
 codarea  = municipio['properties']['codarea']
 centroide = municipio['properties']['centroide']
 #print(codarea)
  print("Codearea = " + str(codarea) + " ***  Centroide = " + str(
centroide))
```

**Resultados**

```
Codearea = 3509106 ***  Centroide = [-51.986924330008144, -21.801641934836873]
Codearea = 3511003 ***  Centroide = [-51.56988568571923, -20.897844888435934]
Codearea = 3514403 ***  Centroide = [-51.58385135853323, -21.557087875100844]
Codearea = 3515301 ***  Centroide = [-51.66888718514091, -22.485264944563717]
Codearea = 3515350 ***  Centroide = [-52.58848552696394, -22.518882803757524]
Codearea = 3528700 ***  Centroide = [-52.05624737154425, -22.127958031766113]
Codearea = 3530201 ***  Centroide = [-51.9979187887024, -22.349851041904877]
Codearea = 3531605 ***  Centroide = [-51.57170733343531, -21.255154770226902]
Codearea = 3532207 ***  Centroide = [-51.52237321973675, -22.563409602941032]
Codearea = 3533106 ***  Centroide = [-51.647001391035744, -21.322620739771356]
Codearea = 3534807 ***  Centroide = [-51.73748963989459, -21.51047453358525]
Codearea = 3535408 ***  Centroide = [-51.8576960719842, -21.463725329983]
Codearea = 3536406 ***  Centroide = [-51.79076688912493, -21.198438232668295]
Codearea = 3538303 ***  Centroide = [-51.73192826917589, -21.853449694023695]
Codearea = 3541208 ***  Centroide = [-51.619752942177264, -22.10661264506647]
Codearea = 3541307 ***  Centroide = [-52.175141431278824, -21.91104912667992]
Codearea = 3541505 ***  Centroide = [-51.83025808604914, -21.793027068795908]
Codearea = 3543238 ***  Centroide = [-51.5828452476431, -21.783706771816753]
Codearea = 3544251 ***  Centroide = [-52.8368360824321, -22.48931655193573]
Codearea = 3545506 ***  Centroide = [-51.84212130508302, -22.4777984694667]
Codearea = 3547106 ***  Centroide = [-51.73737344134425, -21.316464761555146]
Codearea = 3547700 ***  Centroide = [-51.72196110891253, -22.037514800107697]
```

5.4. Obtendo dados dos munícipios do IBGE

Leitura de dados contidos na base do **IBGE** a partir de uma consulta. Os dados extraídos são salvos em um formato **Dataframe** do **Pandas**.

Prática

```python
import pandas as pd
# Transformando o arquivo json em um arquivo tipo dataframe.
#   https://servicodados.ibge.gov.br/api/docs/localidades?versao=
1#api-Municipios-estadosUFMunicipiosGet
districts = requests.get("https://servicodados.ibge.gov.br/api/v1/
localidades/estados/35/municipios",
          headers=headers).json()
districts_sp = [municipios["nome"] for municipios in districts]
states_id = [municipios["id"] for municipios in districts]
data_sp                                                          =
pd.DataFrame.from_dict({'ID':states_id,'MUNICIPIOS':district-
s_sp})
data_sp
```

Resultados

	ID	MUNICIPIOS
0	3500105	Adamantina
1	3500204	Adolfo
2	3500303	Aguaí
3	3500402	Águas da Prata
4	3500501	Águas de Lindóia
...	...	...
640	3557006	Votorantim
641	3557105	Votuporanga
642	3557154	Zacarias
643	3557204	Chavantes
644	3557303	Estiva Gerbi

645 rows × 2 columns

5.5 Realizando a leitura de dados de arquivo no Google Drive

Extraindo dados que não existem na base de dados do **IBGE** e que estão em um arquivo no **Google Drive** com **permissão de visualização autorizada**.

Prática

Tutorial: https://support.geckoboard.com/hc/en-us/articles/360015442912-How-to-create-a-direct-link-to-your-Google-Sheets-spreadsheet

File: https://drive.google.com/open?id=11bq3rP3jCU9j-FA3abbUUhcjgWHuehiD

Link to transform: https://s3.amazonaws.com/support.geckoboard.com/geckoboard-sharepoint/index.html

```python
url_sebrae_isdel = 'https://drive.google.com/uc?export=download&id=11bq3rP3jCU9j-FA3abbUUhcjgWHuehiD'
sebrae_isdel =pd.read_csv(url_sebrae_isdel, encoding="latin-1",sep=';',decimal=',')
sebrae_isdel
```

Resultados

	Cód_Municipio	Nome_Municipio	ISDEL
0	3500105.0	Adamantina	0.4285
1	3500204.0	Adolfo	0.3437
2	3500303.0	Aguaí	0.3327
3	3500709.0	Agudos	0.3943
4	3500758.0	Alambari	0.3491
...	...	...	...
971235	NaN	NaN	NaN
971236	NaN	NaN	NaN
971237	NaN	NaN	NaN
971238	NaN	NaN	NaN
971239	NaN	NaN	NaN

971240 rows × 3 columns

5.6. Eliminação de dados NaN

Após a leitura anterior dos dados houve um erro no qual várias linhas com dados inexistentes (**NaN**) foram adicionadas. O comando dado a seguir elimina essas linhas.

Prática

```
df = sebrae_isdel.dropna()
df.head()
```

Resultados

	Cód_Município	Nome_Município	ISDEL
0	3500105.0	Adamantina	0.4285
1	3500204.0	Adolfo	0.3437
2	3500303.0	Aguaí	0.3327
3	3500709.0	Agudos	0.3943
4	3500758.0	Alambari	0.3491

5.7. Verificando o nome das colunas de um Dataframe

Para trabalhar com os dados contidos no **Dataframe** é necessário saber o correto nome das colunas onde os mesmos estão armazenados.

Prática

print(df.columns.ravel())

Resultados

['Cód_Municipio' 'Nome_Municipio' ' ISDEL ']

5.8. Fusão de dados

Providenciando a fusão de dados entre a base que possui dados dos **nomes** e **ID** do **IBGE** com aquela que possui a característica a ser analisada: IS DEL.

Prática

```
# Fusão de dados
final_data = pd.merge(left = data_sp, right = df, left_on='ID',
right_on='Cód_Municipio',how= "outer")

final_data.set_index('ID', inplace=True)

final_data
```

Resultados

ID	MUNICIPIOS	Cód_Municipio	Nome_Municipio	ISDEL
3500105	Adamantina	3500105.0	Adamantina	0.4285
3500204	Adolfo	3500204.0	Adolfo	0.3437
3500303	Aguaí	3500303.0	Aguaí	0.3327
3500402	Águas da Prata	3500402.0	Águas da Prata	0.3890
3500501	Águas de Lindóia	3500501.0	Águas de Lindóia	0.3825
...	...	...	...	...
3557006	Votorantim	3557006.0	Votorantim	0.4369
3557105	Votuporanga	3557105.0	Votuporanga	0.4599
3557154	Zacarias	3557154.0	Zacarias	0.3693
3557204	Chavantes	3557204.0	Chavantes	0.3392
3557303	Estiva Gerbi	3557303.0	Estiva Gerbi	0.3457

645 rows × 4 columns

5.9. Inserindo dados no GEOJSON

Os dados georefenciados são modificados para conter dado obtido no arquivo com a característica de interesse.

Prática

```
for state in municipios_json['features']:
 codarea = state['properties']['codarea']
   state['properties']['ISDEL'] = float(final_data.loc[int(codarea), "
ISDEL"])


municipios_json
```

**Resultados**

{'crs': {'properties': {'name': 'urn:ogc:def:crs:EPSG::4674'}, 'type': 'name'},
 'features': [{'geometry': {'coordinates': [[[[-51.86, -21.5807],
     [-51.8427, -21.6122],
     [-51.864, -21.6705],
     [-51.8831, -21.6871],
     [-51.8993, -21.7206],
     [-51.9007, -21.7359],
     [-51.8878, -21.7635],
     [-51.9, -21.78],
     [-51.9134, -21.8201],
     [-51.9337, -21.8278],
     [-51.9473, -21.8563],
     [-51.9634, -21.9064],
     [-52.0028, -21.9123],
     [-52.0249, -21.9391],
     [-52.023, -21.9486],
     [-52.032, -21.9878],
     [-52.0275, -22.0037],
     [-52.0384, -22.0269],
     [-52.0381, -22.048],
     [-52.0557, -22.0333],
     [-52.0674, -22.0088],
     [-52.0883, -21.9874],
     [-52.1105, -21.9811],
     [-52.1439, -21.9984],
     [-52.1255, -21.8757],
     [-52.1105, -21.8803],
     [-52.0914, -21.8639],
     [-52.0669, -21.8294],
     [-52.0154, -21.8016],
     [-51.9775, -21.7669],
     [-51.941, -21.547],
     [-51.8825, -21.5764],
     [-51.86, -21.5807]]]]},
   'type': 'MultiPolygon'},
  'properties': {'ISDEL': 0.3418,
   'centruide': [-51.986924330008144, -21.801641934836873],
   'codarea': '3509106',
   'highlight': {},
   'style': {}},
  'type': 'feature'},

5.10. Entendo a estrutura do GeoJ-SON

A variável municipios_json contém um dicionário cujos dados podem ser acessados através de chaves. A estrutura de um **dicionário** é sempre **{'Key','Valor'}**. Para o nosso caso estamos inserindo dentro para cada **'feature'** de um município na **key** (ou **campo**) **'properties'** o valor **'ISDEL'**. Assim, é possível associar a informação **georeferenciada** do **município** um **indicador** extraído de uma determinada base de dados.

Prática

municipios_json['features'][0]['properties']['ISDEL']

Resultados

0.3418

5.11. Desenhando mapas cloropléticos com GeoJSON

O comando **GeoJSON** é utilizado para colocar as **informações georef-erenciadas** contidas no arquivo **municipios_json** em um mapa através da biblioteca **folium**. A cor de **preenchimento** escolhida para todos os **municípios** é **amarela (yellow)**.

Prática

```
import numpy as np
map = folium.Map(
    location=[-22.7864889,-49.6786708], zoom_start = 7,
    tiles='Stamen Terrain'
)
fgp = folium.FeatureGroup(name="ISDEL")
fgp.add_child(folium.GeoJson(data=municipios_json,
            style_function=lambda x: {'fillColor':'yellow'}))
map.add_child(fgp)
map.add_child(folium.LayerControl())
map
```

Resultados

5.12. Escala de cores no GeoJSON

As unidades **georeferenciadas** do **mapa cloroplético** são preenchidas com cores de acordo com o valor do indicador escolhido para análise, isto é, o **ISDEL**.

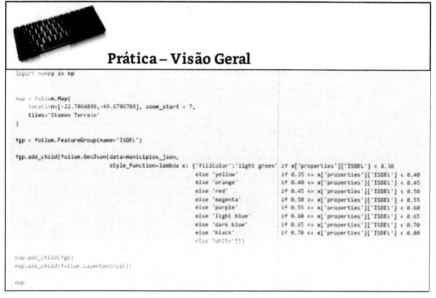

Prática – Visão Geral

```
import numpy as np

map = folium.Map(
    location=[-22.7864889,-49.6786708], zoom_start = 7,
    tiles='Stamen Terrain'
)

fgp = folium.FeatureGroup(name="ISDEL")

fgp.add_child(folium.GeoJson(data=municipios_json,
                style_function=lambda x: {'fillColor':'light green' if x['properties']['ISDEL'] < 0.30
                else 'yellow'    if 0.35 <= x['properties']['ISDEL'] < 0.40
                else 'orange'    if 0.40 <= x['properties']['ISDEL'] < 0.45
                else 'red'       if 0.45 <= x['properties']['ISDEL'] < 0.50
                else 'magenta'   if 0.50 <= x['properties']['ISDEL'] < 0.55
                else 'purple'    if 0.55 <= x['properties']['ISDEL'] < 0.60
                else 'light blue' if 0.60 <= x['properties']['ISDEL'] < 0.65
                else 'dark blue'  if 0.65 <= x['properties']['ISDEL'] < 0.70
                else 'black'     if 0.70 <= x['properties']['ISDEL'] < 0.80
                else 'white'}))

map.add_child(fgp)
map.add_child(folium.LayerControl())

map
```

Prática – Código editável

```
import numpy as np
map = folium.Map(
    location=[-22.7864889,-49.6786708], zoom_start = 7,
    tiles='Stamen Terrain'
)
fgp = folium.FeatureGroup(name="ISDEL")
fgp.add_child(folium.GeoJson(data=municipios_json,
                style_function=lambda x: {'fillColor':'light green' if x['properties']
['ISDEL'] < 0.30
```

```
                        else 'yellow'      if 0.35 <= x['properties']['ISDEL'] < 0.40
                        else 'orange'      if 0.40 <= x['properties']['ISDEL'] < 0.45
                         else 'red'        if 0.45 <= x['properties']['ISDEL'] < 0.50
                        else 'magenta'     if 0.50 <= x['properties']['ISDEL'] < 0.55
                        else 'purple'      if 0.55 <= x['properties']['ISDEL'] < 0.60
                       else 'light blue'   if 0.60 <= x['properties']['ISDEL'] < 0.65
                       else 'dark blue'    if 0.65 <= x['properties']['ISDEL'] < 0.70
                        else 'black'       if 0.70 <= x['properties']['ISDEL'] < 0.80
                        else 'white'}))
map.add_child(fgp)
map.add_child(folium.LayerControl())
map
```

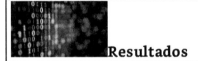

Resultados

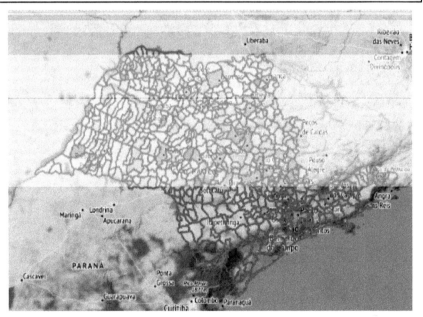

5.13. Criando sua escala de cores

Ao invés de associar uma cor para cada valor específico, ou definir a faixa de valores diretamente no comando de construção do mapa, é possível definir primeiro a **escala de cores** a partir do comando **colormap**. Deve-se apenas tomar o cuidado de definir os **limites da escala** em acordo com os **valores mínimo e máximo do indicador** que será usado como referência para a coloração das **unidades georeferenciadas**. É possível, também, **criar** sua **própria escala**, indicando quais cores estarão associadas a quais valores de referência através do comando **LinearColormap**.

 **Prática**

```
# https://matplotlib.org/2.0.2/examples/color/colormaps_refer-
ence.html
from branca.colormap import linear
#colormap = linear.Dark2_08.scale(0.2,0.8)
#colormap = linear.OrRd_09.scale(0.2,0.8)
colormap = linear.YlOrRd_09.scale(0.2,0.8)
colormap
```

Resultados

0.2   0.8

 **Prática**

```
# https://stackoverflow.com/questions/47846744/create-an-
asymmetric-colormap
```

```
import branca.colormap as cm
colormap = cm.LinearColormap(colors=['yellow','orange','red'], index=[0.2,0.4,0 8],vmin-0.2,vmax-0.8)
colormap
```

 **Resultados**

0.2   0.8

 **Prática**

```
import branca.colormap as cm
colormap                                                          =
cm.LinearColormap(colors=['green','yellow','orange','red','purple'],
index=[0.2,0.4,0.5,0.6,0.8],vmin=0.2,vmax=0.8)
colormap
```

 **Resultados**

0.2   0.8

5.14. Criando mapas com escala de cores customizadas

A partir da definição da escala de cores, guardada na variável **color-map**, é possível aplicar a mesma em um mapa por meio do comando **GeoJSON**.

Prática

```
map = folium.Map(
  location=[-22.7864889,-49.6786708], zoom_start = 7,
  tiles='stamentoner'
)
fgp = folium.FeatureGroup(name="ISDEL")
fgp.add_child(folium.GeoJson(data=municipios_json,
          style_function = lambda x: {'fillColor': colormap(x['properties']
['ISDEL']),
                    'fillcolor': '#black','fillOpacity': 0.5,'weight': 0.8,
                }))
map.add_child(fgp)
mapa_saopaulo.add_child(folium.LayerControl())
colormap.caption = 'ISDEL em 2019'
colormap.add_to(map)
map
```

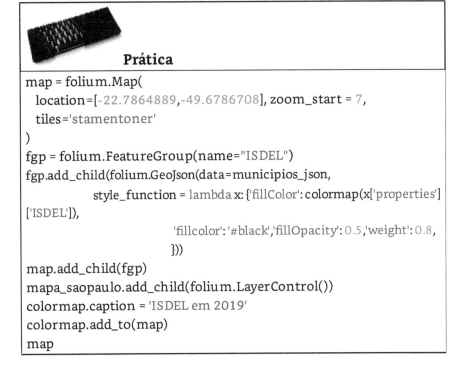

Resultados

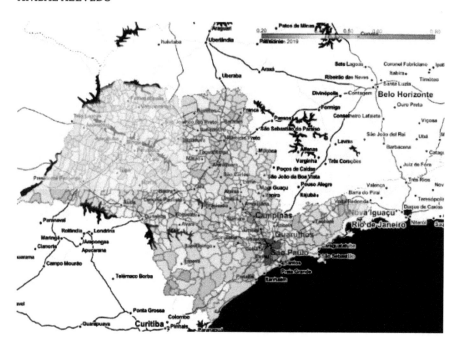

AGRADECIMENTOS

Agradeço aos meus pais Carlos e Marília pelo amor, paciência, e pelo apoio que sempre me deram em todos os meus projetos.

Agradeço minha esposa Regina pelo infinito amor, alegria e paciência que me permitiram ter a resiliência para finalizar esse livro.

Agradeço ao meu padrasto Munemasa e a minha madrasta Diomar pelos grandes aprendizados e ajuda que me deram.

FIM

Em breve mais livros com programas em Python resolvendo problemas interessantes serão publicados, afinal de contas:

"A mente que se abre a uma nova ideia jamais voltará ao seu tamanho original."

Albert Einstein.